AF249198

CONSIDÉRATIONS

SUR LA

CONSTITUTION MORALE

DE LA FRANCE.

D'abord des mœurs et une religion,
ensuite de l'expérience et de la sagesse,
puis des lumières et la modération.

A GENÈVE,

Chez J. J. Paschoud, Imprimeur-Libraire.

1815.

TABLE DES MATIÈRES.

INTRODUCTION.

Il est embarrassant aujourd'hui de parler de la France, parce qu'il n'est plus possible de la vanter, et il l'est davantage de parler à des François, parce que l'éloquence de la raison n'a plus d'empire sur eux. La Révolution leur a donné des pensées, un langage, des mots, une logique que peu de gens savent employer. On a pu remarquer, même avant l'époque de leurs désastres moraux et politiques, qu'il y eut toujours quelque chose de dramatique dans le caractère de la nation et dans les discours de ceux que les circonstances, des droits ou l'ambition appelèrent à la gouverner. Les images

brillantes , les comparaisons fas-
tueuses, les expressions recherchées
ou pittoresques, semblent nées avec
son alphabet, et l'on est étonné,
d'après cela, je dirai presque tou-
ché, de lui trouver encore quelque
goût pour Montaigne, Pascal, Bossuet et Montesquieu. Cet excès de
pensées et d'expressions est parvenu
au point, qu'un ministre ne croit
pouvoir régler l'affaire la plus commune, sans évoquer, selon l'occasion, les grandes ombres de Char-
lemagne, de St. Louis, de Henry IV;
et jusqu'en province, on ne construit
plus un pont ni ne trace des che-
mins vicinaux, sans des appels réi-
térés à la gloire, à l'honneur, à la
bienfaisance et à l'humanité. L'intérêt et le bon sens, qui d'eux-
mêmes parlent si haut, ne sauroient

plus se passer d'une sorte d'éloquence ou de poésie. La sagesse des principes et l'utilité des vues sont condamnées au régime des phrases; et personne, ensuite de cette disposition nationale, ne sauroit amener au but sans faire passer à travers un labyrinthe de fleurs. On ne peut s'empêcher de songer à ce pauvre homme qui, voyant que son avocat débutoit par rappeler Troie, le Simoïs et le Scamandre, l'interrompit pour dire: « J'avertis l'audience que » ma partie se nomme Michaud, et » qu'il s'agit d'un pré. » S'il étoit convenable de faire une pareille excursion hors du sujet que je me propose de traiter, je prouverois que de siècle en siècle, l'éloquence des gouvernans s'est maintenue dans un parallélisme exact avec la poésie des gouvernés ; et, de nos jours, n'avons-nous pas vu l'enthousiasme pour Shakespear, seconder les débuts de la Révolution, les succès du mélodrame marcher de front avec les phantasmagories du gouvernement impérial ; et sans la sagesse du Roi et le courage de quelques défenseurs du bon goût, n'aurions-nous pas vu les germanismes d'une politique envahissante, coïncider avec les romantiques divagations des muses germaniques ?

Bien que pénétré de douleur, d'indignation et de crainte, je ne me sens pas le talent nécessaire pour captiver les Français d'aujourd'hui, le talent d'envelopper de mots pompeux des vérités importantes, mais communes. Je m'adresse donc aux gens simples, aux honnêtes gens; je n'espère qu'en eux, et s'ils m'entendent, je serai content de moi-même, je croirai avoir rempli la tâche que m'impose mon cœur et que personne ne me semble tenté de remplir.

Cet Ouvrage a été commencé d'abord après le retour de Buonaparte : il n'appartient, sous aucun rapport, aux événemens présens; il ne traite que du passé, mais l'avenir y est tout entier pour ceux qui sauront le lire. Les principes qu'il cherche à rétablir sont d'un intérêt majeur; mais quelque profonde que soit la matière qu'il traite, il n'a fait que l'effleurer. L'auteur n'aspire point à se faire une réputation à la fois politique et littéraire, il veut être utile, et il a senti que pour y parvenir, il étoit indispensable de rester au niveau de la majorité des lecteurs.

CONSIDÉRATIONS

SUR LA CONSTITUTION MORALE DE LA FRANCE.

DE LA CONSTITUTION MORALE DE LA FRANCE.

C'est un spectacle bien digne d'étude que celui que nous donne une nation tombée des sommets de la civilisation dans les abîmes de la désorganisation la plus complète, qui prend les chutes morales pour des triomphes philosophiques, l'ivresse pour l'exaltation, l'obstination pour le caractère, les crimes pour les talens, et croit, avec une bonhomie populaire, qu'il existe pour le maintien des états, d'autres principes que ceux de leur fondation.

Il est des maladies de l'esprit dont par la force des souvenirs l'esprit est honteux et qu'il attribue aux passions plus puissantes que lui. Il en voudroit guérir, il en sent le besoin, mais la fausse honte l'empêche de renouer avec le bon sens, et l'amour - propre le menace du ridicule.

De toutes les maladies de l'esprit la plus déplorable et la plus honteuse, c'est l'irréligion. Chrétiens, Juifs, Musulmans, Idolâtres, dès qu'ils en sont atteints, se reconnoissent aux mêmes symptomes, parce que tous se trouvent dans la même contradiction avec la nature physique et morale, dans le même état de révolte avec les lois constitutionnelles de tous les pays et de tous les temps.

De tous les pays, sans exception, celui qui en fournit la preuve la plus frappante, c'est la France. Elle ressemble aujourd'hui à ces vastes et pompeuses retraites, asyles permanens des douleurs, dont tous les habitans, jusqu'aux administrateurs et aux médecins, sont plus ou moins atteints de la contagion.

Et quelles sont les causes d'une si haute prééminence de déraison? Une légèreté incorrigible, parce qu'elle n'a plus où s'arrêter ; une frivolité toujours croissante, parce qu'elle ne se porte que vers des objets fugitifs ; une inconstance née du mépris organisé de tout ce qui décide ailleurs du respect, de la confiance et de l'amour ; une fougue d'imagination qui l'engage à dédaigner ce qui n'est que bon, que vrai, que beau ; une insouciance inconcevable qu'on ne peut attribuer qu'à l'extrême lassitude; un égoïsme complet, résultat affreux du relâchement de tous les liens naturels et sociaux; une impudence, enfin, qui veut faire croire que les réussites et l'impunité tiennent au nombre des partisans qu'on sait se faire; qu'en niant ce qui saute aux yeux, on acquiert le droit de nier l'invisible, et qu'il suffit de les fermer pour éteindre cette clarté immortelle placée sur toutes les routes de la vie et dont le plus inepte comme le plus obstiné porte une étincelle dans son sein.

La plupart des Français ne verront dans ce que je viens de dire, qu'une occasion nouvelle d'opposer à d'inutiles homélies les batteries cent fois démontées de l'immoralité et de l'irréligion; mais que le lecteur se détrompe, que l'impie se rassure; ce n'est pas pour la défense de la religion que j'ai pris la plume. Je pense comme Montesquieu (1) : « Quand il » s'agit de prouver des choses si claires, on » est sûr de ne pas convaincre. » Non, je ne me chargerai pas de l'inutile soin de prêcher un peuple sans vertu et sans caractère, qu'une mobilité toujours risible dans ses débuts, toujours atroce dans ses effets, rejette si loin du

______

(1) Esprit des Lois, Liv. XXV, Ch. XIII.

bonheur qu'il veut atteindre. Eh! que dirais-je encore à la nation des Bossuet, des Fénélon, sur la puissance de Dieu et l'insuffisance des hommes, sur sa patience et leur ingratitude, sur les fautes des rois et les crimes du peuple, à une nation qui a pris les chances les plus inespérées pour le résultat des combinaisons humaines; qui, dans les matières de la plus haute importance, sait et ne sait pas, veut et ne veut pas; qui, toujours superficielle malgré les abîmes qu'elle s'est creusés, s'obstine à croire qu'il peut exister des sociétés sans vertu et des autorités sans force, et qui, n'ayant d'occupation suivie que celle d'exciter des tempêtes et d'y exposer le vaisseau de l'état, s'offense de ce que la pitié veuille y jeter des ancres et un gouvernail?

La pierre angulaire d'un gouvernement quelconque, est une religion quelconque, et c'est du respect qu'inspire cette religion, que dépend la sûreté de ce gouvernement. Voilà ce que je veux dire aujourd'hui, ce qu'atteste l'univers, ce que je n'ai pas besoin de prouver aux honnêtes gens, ce que je tenterois vainement de prouver aux autres, mais ce qu'en ma qualité de membre de la société, j'ai le droit de présenter aux méditations de tous, et d'appuyer d'exemples aussi singuliers et aussi récens que ceux que me fournit la France.

Quel spectacle ridicule, s'il n'étoit horrible, que celui d'une nation qui renonce tout-à-coup à son antique gouvernement, à la foi de ses pères, à sa longue réputation, traite d'erreurs ou de chimères tout ce qui embellissoit les souvenirs nationaux et ennoblissoit les espérances de l'avenir paternel, brise avec fureur ou en riant tout ce qu'elle avoit adoré, range gravement des articles de foi parmi des articles de modes, donne congé aux grâces et à la chevalerie pour s'abandonner au cynisme et à la férocité, s'abreuve de sang dans la coupe du plaisir, abdique volontairement le trône brillant de la civilisation pour se vautrer dans une corruption dégoûtante et sans exemple, et, d'une voix rauque et altérée, crie à tous les peuples de la terre : *vive la philosophie !* La philosophie ! ah ! sans doute ; et qui ne feroit chorus, surtout parmi les chrétiens ? Mais se croire philosophe parce qu'on est impie, rebelle, sanguinaire, absurde ! prendre la philosophie, cet amour pur et fidèle de la sagesse et de la vérité, pour le régime des brutes et le code des crimes ! Ah ! il faut l'avoir vu pendant cinq lustres, il faut plus, il faut avoir eu l'univers pour témoin de ce qu'on a vu pour le croire ; et s'il existoit hors de l'histoire un tribunal pour juger les peuples, ne condamneroit-on pas les Français au traitement des insensés, avant de s'occuper de supplices égaux aux crimes de ceux qui les ont pervertis ?

Quelles n'ont pas été les angoisses et les incertitudes de cette longue et fatigante époque, pendant laquelle ils faisoient le fol essai de tous les modes de gouvernement, et se croyoient libres parce que les charlatans qui profitoient de leur folie étoient sans considération ! Pendant ce monstrueux cours de droit public, que n'avons-nous pas vu ? — Le peuple souverain, semblable à ces malades imaginaires qui, abandonnés à eux-mêmes et pressés de guérir, commencent par se tuer. — L'odieuse aristocratie de ses prétendus représentans, fondée sur la sottise et la corruption des commettans et sur l'égoïsme et la barbarie des mandataires. — Le gouvernement directorial, ce quinquevirat, mélange honteux de la vénalité, de la lâcheté, de l'intrigue, de l'insolence et de la bassesse.—Le triumvirat consulaire, association dérisoire et passagère de la tourbe revêtue de gloire, du talent chamarré de ridicules, et du savoir enveloppé d'insouciance. — Cette tyrannie pure, sans scrupules comme sans bornes, sans pitié comme sans pudeur, traitant l'Europe d'esclave, les rois de vassaux, de complices ou de rebelles, et de domaine toutes les existences. — Cette royauté paternelle, mais sans considération; cette puissance légitime, mais sans force..... Ce lâche retour enfin à la plus complète dégradation.... Mais de tant d'essais successifs, de ce luxe de constitutions et de sermens, qui n'a servi qu'à compliquer l'incertitude des droits et des pouvoirs, qu'est-il resté à la France ? et dans ce grand cercle vicieux dont elle a parcouru toute la circonférence, qu'a-t-elle rencontré sinon que le crime, la honte, le ridicule et la destruction? Toutes les nations victimes de sa haine ou de son amitié, comme elle, languissent épuisées ; les pactes primitifs des peuples et des gouvernemens sont déchirés ; le doute plane sur toutes les possessions de la terre ; l'art si fier de la guerre en est réduit aux maximes du meurtre et

de l'incendie; la politique, privée de sa secrète sagesse et du charme décevant des manières, fonde ses succès sur l'insurrection,
et les constate par l'avilissement; la morale,
comme jadis le grand Sully inconnu aux
courtisans de Louis XIII, n'est qu'un objet
de dérision pour la génération qui la voit
reparoître; et la religion, cette antique souveraine du monde, réduite à la condition
des monarchies de notre âge, redemande
partout des débris, et, après avoir servi
d'appui à tous les empires de la terre, cherche
en vain où poser en paix un autel.

Nous avons entendu naguères ceux qui
sont convenus entr'eux de s'appeler les sages,
et qui aux yeux des sages ne sont que les
tiédes, les poltrons et les égoïstes; nous les
avons entendus s'écrier, avec un accent qui
trahissoit le mélange de la crainte pour eux-
mêmes et de l'espoir que d'autres se dévoue-
roient pour eux : « Il n'y a plus qu'un
» miracle qui puisse sauver la France et
» l'Europe; un miracle seul peut sauver le
» monde. » Le miracle a eu lieu : qu'en
est-il résulté ? Mais je vois sourire l'incrédulité, et, avant de passer outre, je vais
poser une question majeure et qui, bien ap-

profondie, eût épargné à l'humanité mille erreurs, mille blasphèmes et la plupart des crimes. On ne voit plus dans la religion qu'un amalgame de superstitions et de pratiques diverses, imaginées par l'ambition pour gouverner l'ignorance, et consacrées par l'habitude et par le temps. Il faut donc prouver qu'en matière de gouvernement elle est une loi universelle et de première nécessité, qu'elle est fondée sur la loi naturelle d'obéissance à quelqu'un ou à quelque chose, sur la reconnoissance du passé et l'espérance de l'avenir, et l'expression de miracle, trop et trop peu employée, servira à éclaircir cette importante question.

Qu'est-ce qu'un miracle? c'est un fait qui au premier coup-d'œil est hors de l'ordre, du calcul et des espérances, et dont la religion ne s'empare, que pour ramener celui qui en est l'objet, à l'idée d'un pouvoir invisible, dont on n'a guères vu douter que les sots qui ont peine à le comprendre, et les coupables qui se verroient forcés à le craindre. Un miracle est donc un fait étranger à la religion par son essence et qui ne lui appartient que par l'application qu'elle en fait, ainsi que de tous les événemens de la vie, aux leçons qu'elle ne cesse d'en tirer, pour le maintien de l'ordre et du bonheur dans la société. Il mérite donc, sous quelque rapport qu'on le considère, d'arrêter nos pensées ; il est donc l'aiguillon le plus propre à réveiller notre esprit, et seroit, si telle chose étoit possible, le seul point sur lequel l'homme religieux et l'impie tomberoient d'accord.

Certes, personne ne niera que la coalition de 1813 ne fût un miracle, ou, pour parler plus correctement, qu'elle n'en portât tous les caractères. Les personnes pieuses pourront l'attribuer aux prières et aux larmes de l'univers, au long désespoir des mères, des épouses et des honnêtes gens ; le philosophe et l'historien se borneront à remarquer qu'elle n'avoit été ni prévue ni préparée; que vingt années d'abaissement, de divisions, de jalousies et toutes les anciennes haines sembloient la rendre impossible; que ceux qui y ont le plus efficacement contribué, commencèrent par ne la pas vouloir ; qu'ensuite, bien que hors de leur dessein, ils firent tout ce qu'il falloit pour l'empêcher de réussir ; qu'au moment de la réussite ils furent plusieurs fois sur le point d'y renoncer, et que l'ayant enfin obtenue , et, comme malgré eux , elle eût des résultats absolument contraires à ceux qu'ils avoient voulu lui donner.

Un miracle, ce miracle demandé par les impies découragés, comme par les ames pieuses, ce miracle tant attendu , bien que si peu espéré , eut donc lieu. L'univers en tressaillit de joie , la France aux abois fit retentir jusqu'aux bornes du monde les chants de son allégresse , et, à quelques individus près, qui, malgré de si nombreuses chances , n'avoient pas encore fait leur coup, le sentiment du bonheur y fut général. Mais , se demandèrent alors les observateurs qui cherchent à tout des bases et des principes, où se rattachera ce bonheur ? et quand la mousse de la nouveauté aura cessé d'énivrer , quand les lampions de la fête seront éteints, quand surviendra le calme plat, successeur ordinaire des tempêtes , par quels moyens retiendra-t-on les Français dans les douceurs journalières des jouissances innocentes et paisibles , et sur quelles ancres placera-t-on le vaisseau de l'état ? Seroit-ce sur la religion ? Elle n'est plus en France que le ridicule des honnêtes gens, et les Français ont exigé de leur Roi qu'il eût plus de foi dans la volonté du peuple que dans la puissance de Dieu. Sur le bon sens et la conscience des individus, élémens premiers de la loi naturelle ? Qu'en espérer, lorsque des expériences aussi multipliées que désastreuses prouvent qu'ils n'existent pas, ou qu'ils sont inutiles. Sur la philosophie ? C'est un beau nom, mais dont on a oublié la signification ; une belle école, mais dont les portiques n'ont été relevés que pour servir de repaire aux crimes qu'elle condamne. Cette philosophie, qui dévoiloit à Platon les avantages de la vertu, et à Socrate les certitudes de l'immortalité, n'est pas celle des ennemis de l'ordre ? En examinant les fastes de la révolution, on y trouvera des martyrs et des héros ; mais où trouver sur cette scène épouvantable un Français digne du grand nom de philosophe, si semblable au beau nom de chrétien ? Il faudroit donc recommencer la nation, la société, les lois, les principes ; mais où trouver des matériaux, lorsqu'il n'y a plus ni religion ni bon sens, ni philosophie ? où prendre des ouvriers, lorsque tous les philosophes sont traités de fourbes et tous les chrétiens d'imbécilles ; lorsque le glaive qui, en dernier ressort, décide entre le vice et la vertu, ne trouve plus de main assez forte pour s'en servir?

Je voudrois ne pas entrer dans un plus grand détail des causes de tant de maux, mais il s'agit ici, moins de ceux qu'a soufferts la société, que de ceux dont elle est menacée. Il restoit bien des choses à détruire il y a vingt-cinq ans, aujourd'hui tout est détruit, et il s'agit de réédifier; que dis-je? il s'agit de bases, et l'on ne sait en France ni de quoi les composer, ni où les asseoir. L'esprit seul, aujourd'hui, obtient audience des Français; et qu'est-ce que l'esprit, s'il ne sert à venger le bon sens? Oui, les Français ne connoissent plus que l'esprit; l'esprit est la seule divinité restée debout parmi les ruines de leur fantastique Olympe : avec l'esprit, ils excusent, ils expliquent tout; pourvu que le crime ait de l'esprit, ils lui pardonnent; et Buonaparte n'a cessé de régner que lorsqu'ils ont aperçu que cet aventurier n'en avoit guères. J'en appelle à tous les François : ils ont eu le temps et l'occasion de faire la revue des différens partis ; j'en appelle à l'esprit de chacun en particulier, pour peu qu'il ait de bonne foi, de la vérité du tableau par lequel je terminerai ce chapitre.

L'agitation naturelle, l'incertitude qui naît
du manque de principes, l'amour effrené
de la nouveauté, tels sont les traits prin-
cipaux du caractère national ; telles furent,
telles sont les ressources de la révolte, de
l'ambition, de la cupidité ; tels sont les obstacles qui s'opposent à la restauration de
l'état et à la réhabilitation de la société. Je
le dirai hardiment, si les crimes n'ont ap-
partenu qu'à quelques milliers de Français,
tous y ont plus ou moins contribué, soit
en abandonnant le champ de bataille, soit
en se présentant au partage des dépouilles,
soit en autorisant, par une lâche complaisance ou un silence honteux, ce que chacun
étoit tenu de défendre au péril de sa vie; et
si, ce que je ne crois pas, il se trouvoit
quelques exceptions à cette accusation majeure, elles ne serviroient, en ce moment,
qu'à faire voir combien elle est fondée.
Français ! qui de vous n'a eu à pleurer, à
rougir ? n'a trouvé dans son cœur, dans sa
famille, dans ses liaisons, des motifs de
honte ou de remords ? Qui oseroit assurer
que dans ses relations les plus étroites, il
ne lui reste quelque motif de doute et
d'appréhension ? Ce n'est point un aveu

que je vous demande ; à quoi me serviroit de l'obtenir ? mais de rentrer en vous-mêmes, de scruter votre cœur, d'observer ce qui vous entoure.

Voyez vos vieillards : ils étoient verts encore il y a vingt-cinq ans, lorsque les symptômes d'une contagion long-temps cachée vinrent à éclater; lorsque les passions, libres du frein qu'elles rongeoient depuis près d'un siècle , virent qu'elles pourroient braver impunément des créanciers de tout genre et l'opinion pu-blique. Complices-nés de toutes les rebel-lions possibles , ils se crurent un moment les chefs d'un parti qui se préparoit à les dévorer, et ne purent être , ni éclairés par les supplices , ni ramenés par la honte. Il étoit, il en faut convenir, plus aisé de mé-priser la religion que de dompter les pas-sions ; de renverser le trône que d'acquérir la considération nécessaire pour le soutenir; de fouler aux pieds la morale , que de payer des dettes de toute espèce ; de renoncer tout-à-coup à l'estime, que d'attendre pai-siblement une occasion solennelle de s'en voir dépouiller.—Voyez ces hommes faits, que des circonstances effrayantes privèrent en un jour du bienfait des préceptes et du

secours des exemples, et auxquels, pendant
le cours d'une éducation si sauvage, des lois
nouvelles accordèrent le funeste privilége de
n'en respecter aucune. Ils se livrèrent avec
ivresse à la fougue d'un âge que ne pro-
tégeoit plus la pudeur qui lui est ordinaire.
Ils virent sans pâlir des villes jonchées
de cadavres, des guérets teints de sang;
leurs familles disparoître dans les supplices
ou les combats, et ils se crurent les successeurs des héros de Sparte et de Rome,
par la même raison, qu'ils prenoient la li-
cence pour la liberté. — Voyez ces enfans
qui ont passé des bras d'une nourrice ré-
publicaine dans les salles d'un Lycée Impérial, à qui l'on n'a parlé de leurs an-
cêtres qu'avec mépris, du temps passé
que comme d'une époque de ténèbres où
l'on adoroit un Dieu invisible et servoit un
Roi héréditaire, que l'on a nourris de haines
nationales et particulières, pour qui la soif
du sang a succédée, sans intermédiaire, à
la soif du lait, et qui, nés au milieu des
volcans, n'imaginent plus d'autre devoir,
d'autre gloire que d'en perpétuer les feux. —
Voyez ce sexe, jadis si puissant lorsqu'il
ne cherchoit qu'à plaire, et si dégradé depuis

qu'il ne songe qu'à gouverner ; ces femmes
devenues si hardies , que le désordre de
leurs mœurs entre à peine aujourd'hui dans
les jugemens qu'on porte de leur conduite ;
les unes, la torche et le poignard à la main,
rappellent le carnage ; les autres, à travers
les labyrinthes de l'intrigue, guidant la révolte et la trahison, et toutes plus ou moins
infidèles à la vocation d'épouse et de mère ,
ne plus s'occuper que de politique, de guerre
et de constitution.

Je ne crains pas que l'on trouve ce tableau
trop exagéré, ces récriminations trop fortes
ou trop tardives : la gangrène nationale est
encore dans toute son activité , et j'ai pour
moi deux auxiliaires puissans dont le secours
m'afflige d'avance , mais qui , tout en me
couvrant de ridicule, ne me manquera jamais ;
l'égoïsme du François et la vanité nationale.
Le présent et le passé se ressemblent si fort,
qu'à quelques symptômes près, on distingue
à peine le jour de la veille. Non , non ,
mes reproches n'effaroucheront personne ;
les légers nuages des Robespierre et des
Buonaparte ne sauroient obscurcir le soleil
toujours radieux de la vanité françoise ; elle
jouit encore des grandes scènes auxquelles

les nations invitées n'assistèrent qu'en frémissant, et ne se les reproche pas davantage que ne le feroit le poète qui les auroit inventées. L'état de marasme où languit la patrie, ne lui présente que l'occasion de vanter ses immenses ressources; ses appréhensions, si elle en est capable, ont pour objet, non les malheurs futurs de la nation, mais la force du gouvernement, qui mettra enfin un terme à tant de maux; et pour elle seule, dans l'univers, les craintes de l'avenir sont libres des remords du passé.

Tel est l'état moral d'un peuple si long-temps envié, et dont la supériorité sembloit jadis d'autant plus assurée qu'on la croyoit fondée sur les lumières et la civilisation. Telles sont les suites d'une corruption lente mais continue, suivie d'une dissolution totale, qui dès le premier jour rendit tout possible ou probable. Aussi rien ne me sembleroit plus déraisonnable que d'abandonner les François aux peines qu'ils méritent. Autant vaudroit placer le chancelier et le bourreau au guichet de Charenton, y faire passer un à un les infortunés qui s'y trouvent reclus; et les punir là des crimes dont ils se sont couverts. Ah! qu'on les y

tienne renfermés, que l'on considère ce beau
royaume comme un hôpital ; que personne
n'en puisse sortir avant d'être parfaitement
guéri ; que l'on commence au plutôt le traitement nécessaire ; qu'on leur inspire quelque
confiance, non dans la religion, non dans la
morale ; leur fibre est loin de pouvoir supporter des remèdes aussi toniques, aussi hé-
roïques ; mais dans le bon sens qui leur est
si nécessaire, dans l'intérêt individuel auquel ils sont si sensibles. Il faut commencer
par rendre au sang le calme qu'il a perdu, à
la fibre l'élasticité qui lui manque, à l'esprit
la faculté d'habiter en paix l'hospice qu'il
est si important de protéger en leur faveur.

DE L'ORIGINE ET DES PROGRÈS DE LA SOCIÉTÉ.

Toutes les sociétés, sans exception, et le passé et le présent et l'univers entier en sont les témoins irrécusables ; toutes les sociétés se partagent en deux classes, hors desquelles il n'en a jamais existé. Les unes sont fondées sur des lois écrites et révélées, modifiées par les localités, les moyens, les caractères, les intérêts réciproques, les temps : ce sont les peuples civilisés. Les autres, n'ont que des traditions et une superstition quelconque, et contrebalancent l'incertitude des principes par l'obstination des opinions et des habitudes, et la force des besoins : ce sont les peuples sauvages.

Ce simple aperçu peut suffir pour établir les différences qui existent entre les peuples civilisés et les peuples sauvages. Cependant, outre les grands traits de l'économie animale, qui sont les mêmes pour toute la race humaine, il existe entre ces deux espèces de sociétés un point de ressemblance auquel on chercheroit en vain une exception ; c'est l'établissement d'un culte religieux plus ou moins perfectionné,

et un respect jugé indispensable au bien-être
et au maintien de la société, pour les préceptes
et les ministres de ce culte quel qu'il soit. Les
rois pour leur puissance, les grands pour leurs
priviléges, les peuples pour leurs libertés, n'ont
d'un pôle à l'autre trouvé d'autre garantie que
la foi du serment; et cette foi, basée sur toutes
les croyances connues, passées et présentes,
est le seul dogme universel, l'alpha et l'oméga
de toutes les religions et de toutes les constitutions, est le seul article que, même après
avoir cessé de le respecter, on n'a osé abolir.
« La Religion (dit Montesquieu), même
» fausse, est le meilleur garant que les hom-
» mes puissent avoir de la probité des hom-
» mes (2). »

L'homme ne peut vivre qu'en société; la
société ne peut subsister sans religion, la religion sans un profond respect pour les préceptes qui lui servent de base, et ce respect est
nul dès qu'il est refusé au gouvernement qui
la doit maintenir, et aux ministres chargés de
l'interpréter. Voilà pourquoi dans les grands
états dont on ne sauroit assez simplifier les
ressorts, il a paru si essentiel que la religion

____

(2) Esprit des lois, Chap. XXIV, Liv. VIII.

fût une et sans mélange public de sectes, afin que ce premier lien de la société, n'admettant ni dispenses, ni différences, obtînt de tous le même degré de confiance et de respect. Louis XIV, en persécutant les calvinistes, fut moins bigot que politique; ce n'étoit pas un homme foible livrant des victimes à la superstition, c'étoit un roi habile, cherchant à déraciner la république du milieu de la monarchie, et faisant honneur à l'Église, de la prévoyance du Souverain. Mais les vérités de cet ordre sont trop au-dessus de l'esprit qui règne aujourd'hui en France et dans la plus grande partie de l'Europe, pour qu'on puisse s'y arrêter. Le mot de tolérance est un des mots magiques avec lequel on réchauffe sans cesse l'esprit révolutionnaire. D'ailleurs mon but ne sauroit être de ramener ou de réformer la France et l'Europe, mais seulement d'indiquer le meilleur parti qu'on pourroit tirer de l'état actuel des choses et des opinions. Il ne s'agit plus que de rappeler la vérité à tant de pauvres gens qui ont cru qu'on pouvoit placer impunément la religion naturelle au-dessus de la religion révélée, que la raison ne pouvoit régner que sur les ruines du Christianisme, et qui, avec ce dogme sauvage, sont tombés sans gradations et sans nuances dans l'état d'abrutissement le plus avéré.

S'il étoit vrai (je demande pardon aux honnêtes gens et aux gens sensés d'un tel blasphème, mais il faut, pour être compris, parler à chacun son langage), s'il étoit vrai que la raison fût au-dessus de la religion, il faudroit convenir qu'un principe aussi singulier ne seroit applicable qu'à l'homme isolé, qui ne répond de sa folie qu'à lui-même. L'existence de la société n'ayant de garantie que dans l'invariabilité des principes qui sont destinés à la régir, on ne peut mettre les variations continuelles de l'esprit humain, si bien entretenues par les passions et les goûts, en parallèle avec les lois positives de la religion et les lois politiques qui en découlent. La raison trouve autant d'interprètes qu'elle rencontre d'intérêts, et n'a de règles que la volonté du plus fort ou l'intrigue du plus habile. La religion présente un corps de doctrine duquel tout part et auquel tout se rattache. L'une est un ballon livré au jeu perpétuel des intempéries morales et physiques ; l'autre est un cube de marbre qui est toujours sur sa base, qu'on ne sauroit ébranler qu'au détriment de la fortune publique et sans exposer toutes les fortunes particulières. Ceux qui en douteroient et que n'auroient pu convaincre les dernières années qui viennent de s'écouler, pourroient consulter l'histoire de tous les peuples de la terre. Ils verroient les philosophes les plus révérés, les orateurs les plus célèbres déplorer comme d'un commun accord, les funestes effets de l'irréligion; et lui attribuer la chute des républiques et des empires. Le fanatisme est affreux, c'est la honte de l'esprit et la condamnation du cœur humain; on n'y sauroit songer sans un mélange d'horreur pour ses effets et de pitié pour la dégradation dont il est la preuve; mais il n'en est pas moins vrai qu'aucun état n'a péri par le fanatisme, et que tous ceux qui sont tombés ont, sans exception, péri par l'irréligion. Nier cette grande vérité seroit renoncer aux lumières de l'histoire, et cet axiome, si révoltant sous un rapport, s'explique de lui-même. Le résultat de l'irréligion est le renversement du principe fondamental de la société et de tous ceux qui en découlent; celui du fanatisme est la conservation de ce même principe sans aucun égard pour l'humanité, sans aucun respect pour la justice; mais telles sont les extrémités de la condition humaine, que dès que l'homme

quitte la grande route des principes religieux
et moraux, il n'a plus à choisir qu'entre l'irréligion, qui livre tous les intérêts de la société
à la fougue de l'individu, et le fanatisme, qui
sacrifie sans pitié l'individu au maintien de
la société.

Je pourrois passer dès ce moment à des
conclusions fort importantes au but que je
me suis proposé, mais lorsque la société en
est réduite à entendre soutenir des thèses en
faveur de la religion et de la morale, il
faut, tout en rougissant avec elle, ne laisser
aucun refuge à ses ennemis. Je suppose que
la raison ou la loi naturelle, que les coryphées de la révolution, nobles et plé-
béïens, savans et ineptes, prétendoient porter
dans le cœur, fût reconnue pour la loi suprême de l'univers, quelqu'un penseroit-il
que cette fragile divinité pût subsister sans
code et sans interprètes ? De quels respects
ne faudroit-il pas entourer ses autels et ses
ministres, pour voiler ses erreurs, ses incertitudes, ses contradictions, ses abus, ses
ridicules ; pour faire admettre dans la société
le droit singulier que chacun de ses sec-
tateurs croit avoir de lui prêter des oracles !
Eh ! ne l'a-t-on pas vu ? elle n'avoit pas de

principes arrêtés , elle n'avoit pas d'interprètes reconnus, elle ne fut point respectée ;
elle tomba des autels du Christ, où la fré-
nésie révolutionnaire l'avoit placée , et avec
elle tomba le gouvernement qu'elle devoit
appuyre. La religion , je suis forcé de le
croire, lorsque tant d'insensés sortis de la
classe la plus éclairée d'une grande nation
m'y obligent , la religion n'est donc gênante
qu'au siècle des passions déhontées, lorsque
l'égoïsme, se plaçant cavalièrement au centre
de l'état , ne considère plus la Divinité , le
souverain et la nation , que comme les pla-
nètes de son système particulier ; lorsqu'un
libertinage moral et physique s'appliquant à
cacher de vieilles erreurs sous des noms
nouveaux, se constitue la force motrice d'un
tel système , dont le secret est de n'en reconnoître aucun. Oui, la religion , la morale
devoient déplaire , ou , pour parler plus
clairement, devoient faire trembler, à une
époque où tant de gens risquèrent de maigres
patrimoines pour envahir de riches possessions, et une vie à laquelle le bouleversement général laissoit si peu de prix , pour
s'assurer de l'opulence par le crime, de l'impunité du crime par l'étendue de la com-

plicité , et de l'étendue de la complicité par l'audace de la jouissance ; mais aujourd'hui que toutes les expériences ont été faites , que toutes les erreurs sont prouvées , que l'on sait , à n'en plus douter , que les poètes ne sont pas des législateurs , ni les gens de lettres des diplomates , ni les bouchers des généraux , ni les procureurs des magistrats , ni les aventuriers des princes ; aujourd'hui que tant de fous sont morts pour complaire à tant de scélérats , que tout a été tour-à-tour consenti , patenté , renversé , pardonné , et , je le crains bien , oublié ; qu'il est prouvé jusqu'à l'évidence que les peuples ne sauroient être heureux que sous un gouvernement légitime , que sans un tel gouvernement , les titres , les dignités , les richesses ne sont rien , et qu'un tel gouvernement lui-même n'est rien sans une religion pour le protéger , qu'est - ce donc qui s'oppose encore , je ne dirai pas au triomphe du Christianisme , car la religion Chrétienne porte avec elle des idées de mérite et de récompense que je ne saurois où appliquer ici , mais aux succès du simple bon sens , qui suffiroit pour y ramener bientôt ? Qu'est-ce qui empêche encore cette divinité révolutionnaire, perdue de réputation et désignée par le sobriquet de *Raison*, de ployer le genou devant-elle ?

Pour répondre à cette question si naturelle, que je fais si haut, que tant de gens se font journellement en secret, et qui peut conduire à de si grands résultats, il faut peindre la société telle qu'elle est aujourd'hui en France, et à cet égard ce ne seroit pas le courage, ce seroit le talent qui me manqueroit. Je sais bien que tout le monde ne peut arriver à la hauteur de Pascal, « qui » étoit » ainsi que le disoit un homme que la France vient de perdre (3), « un rai-» sonneur profond en même temps qu'un » chrétien soumis et rigide. » Le temps des phrases est passé, le néant de la poésie en matière de bonheur est prouvé : il n'est plus question de faire disparoître la difformité du fond sous l'élégance des formes, il ne s'agit plus de la gloire des armées, de la hauteur des négociations, du plus ou moins de solidité du système financier, de la sagesse de l'administration, des pouvoirs du souverain, des droits de la nation ; ce ne

---

(3) Charles Bossut.

sont plus que des objets secondaires : c'est des bases qu'il s'agit, de la moralité de tout un peuple et d'un peuple trop long-temps le modèle des autres, de la foi des sermens, de la sainteté des devoirs, du respect nécessaire pour le gouvernement visible, de la crainte salutaire du gouvernement invisible, le plus fort, le plus inévitable de tous ; et c'est ici qu'il faudroit le génie, la plume et l'autorité personnelle d'un Bossuet. Qu'on ne me demande pas de quoi je me mêle ? Je ne répondrai ni à la scélératesse, ni à la sottise ; je continuerai à raisonner avec le bon sens et à pleurer avec la vertu. Je suis homme ; tout ce qui intéresse les hommes est de mon ressort, et le plus beau privilége que puisse donner la véritable civilisation, est d'élever au-dessus des têtes le flambeau de la vérité, et d'obliger la foule, assemblage bruyant de passions hétérogènes, à fixer les yeux et les pensées sur cette lumière régénératrice, aussi ancienne que ce monde et aussi incontestable que celle du soleil.

Que veulent ces groupes de coupables déjoués, non par l'habileté des princes, non par la prévoyance des ministres, ou le talent des généraux, mais par la petitesse de leurs conceptions, la fausseté de leurs calculs, la bassesse de leurs moyens ? Il y a long-temps qu'ils se sont placés entre l'échafaud et le remord ; ils devroient se dire qu'on n'échappe pas deux fois à l'un, et qu'il est inutile de vouloir se dérober à l'autre. — Que veulent ces sallons obstrués par des gens dépouillés et auxquels vingt-cinq ans de malheurs n'ont rien appris ? Ils se souviennent toujours de ce qui n'est plus, et ne voient pas ce qui les menace encore. Ils se disputent des lambeaux teints de sang et rongés par les vers, et se renversent mutuellement à la poursuite de fantômes oubliés. — Que veulent ces sociétés qu'on s'obstine à nommer savantes, bien qu'elles ne savent encore apprécier ni le mal qu'elles ont fait, ni les maux qu'elles ont éprouvés, ni ceux qu'elles préparent ? Elles se sont promenées parmi les astres, elles se sont établies au plus haut de la voûte céleste, la terre s'est vue contrainte à leur livrer ses secrets les mystères des élémens ont cessé d'exister devant elles ; mais l'orgueil a paralysé le génie. Trop vain de ce qu'il avoit conquis, le savant a nié ce qu'il ne pouvoit atteindre,

et la foule s'est persuadée que l'incrédulité
étoit la preuve du savoir. — Que veulent ces
princes dont la triste destinée fatigue l'Europe, que leur chute tient armés depuis si
long-temps? Ils le voient bien, ce n'est pas
assez des droits de Henri IV et de Louis XIV
pour les fils de Saint Louis; le sang de ces
grands rois ne suffit plus pour occuper leur
trône. Pour y monter, pour s'y maintenir,
il faut s'y asseoir avec la franchise de l'un
et y déployer la fermeté de l'autre. Que sont
aujourd'hui des droits, des souvenirs? Tout
a péri, tout a disparu; il s'agit de ressortir
de la barbarie: c'est aux talens à commander,
les vertus seules suffisent tout au plus à
obéir. Tout est dénaturé, médiocre, pâle,
sans affections, sans consistance; la société
n'est plus qu'une chaîne brisée, gisant çà
et là sur un sol aride et dégradé, et dont
quelques chaînons rappellent à peine et en
vain ces jours heureux où elle lioit encore
le ciel et la terre, où une modération générale présidoit à l'antique partage des biens
et des maux de la vie, où la religion, toujours
redoutable et toujours chérie, domptoit le
fort et restauroit le foible; où les peuples se
croyoient la famille des rois, où les grands

ne prenoient pas les honneurs pour l'honneur, où le serment suffisoit à toutes les associations et l'estime à tous les commerces, où l'opinion, alors encore reine du monde, réténoit sans effort chaque individu dans sa sphère naturelle ; où les vices et les erreurs inséparables de toute société ne formoient qu'une minorité d'autant moins dangereuse qu'elle servoit d'avertissement et de préservatif à la majorité, qui, appuyée sur des doctrines généralement révérées, même par ceux qui se dispensoient d'y obéir, plaignoit les insensés et ne les craignoit pas.

Cependant quel langage parler aujourd'hui que, pour sauver la chose publique, il faudroit ménager à la fois l'opinion de ceux qui sont appelés à s'en charger, et l'opinion de ceux qui la voudroient diriger ? Quel genre d'éloquence parviendroit à rassembler les élémens moraux de tant de millions d'hommes et à les fixer sur une idée mère, qui, une fois adoptée, donne aussitôt le calme nécessaire à la réflexion, et l'obéissance indispensable à la restauration ? Voudra-t-on revenir à ces principes éternels sans lesquels il n'est rien de stable ici-bas ? L'am-

bition d'inventer, l'habitude d'improviser
n'acheveront-elles pas la ruine de la société
et des différens gouvernemens d'après lesquels elle se modifie? S'il s'agissoit d'erreurs
à répandre, quelques mots suffiroient : il est
aussi aisé d'en établir de nouvelles, qu'il
l'est peu de déraciner les anciennes, et c'est
peut-être le seul cas où édifier est plus expé-
ditif que détruire. On en fait chaque jour la
funeste expérience, et tant de questions
dangereuses ou inutiles, qu'on réveille sans
cesse, n'en fournissent que trop de preuves.
Allez, dites au premier que vous rencon-
trerez, que rien ici-bas n'est parfait, mais
qu'il n'est rien qui ne porte en soi un
germe de perfectibilité, et que de nos devoirs le plus naturel, le plus doux est de le
féconder. Il vous croira, mais au lieu de
propager avec simplicité, avec amour, cette
doctrine consolante, il s'arrêtera tout-à-coup;
son cœur se gonflera, il tiendra conseil avec
l'intérêt et avec l'orgueil, il croira que l'u-
nivers attentif désormais à ses moindres paroles, va se partager entre ses admirateurs
et ses envieux, et l'espoir décevant de la cé-
lébrité l'égarera jusqu'à ce faîte de l'imagination au-dessous duquel on ne trouve que

l'abîme de la réalité. Il faut donc ici traiter franchement la question première et reprendre le pacte social à son origine, et au lieu de discuter sur les modifications les plus propres à rendre les hommes heureux dans l'état de société, tâcher de ramener les opinions divergentes à des principes oubliés et sans lesquels il ne sauroit exister pour eux de bonheur, ni même d'espérance.

DE LA CIVILISATION ET DU PROGRÈS DES LUMIÈRES.

DANS l'état de nature, au physique près, qui fait remarquer autant de variétés que d'individus, tous les hommes naissent égaux, et la seule prééminence établie parmi eux est la paternité, dont encore l'influence n'a qu'un temps très-limité. Le besoin mutuel les rapproche, l'expérience des secours les réunit, et bientôt l'habitude les tient liés ; mais bientôt aussi les dangers extérieurs et l'influence des passions leur font voir la nécessité d'établir un pouvoir défensif et répressif ; et comme ce pouvoir appartient d'abord au plus fort, au plus courageux et ensuite au plus sage, au plus habile, la société se soumit successivement au guerrier qui la protège, au magistrat qui l'éclaire, et à l'individu capable de remplir toutes les fonctions nécessaires à sa sûreté. C'est ainsi que dès l'origine de la société furent établis des chefs de peuplades, des princes, des rois.

A l'égalité de fait succède l'égalité de droit, c'est-à-dire que le pauvre comme le riche, le foible comme le puissant conservent un droit égal à la défense et à l'instruction commune. Mais en même temps que le riche et le puissant aspirent à la direction des moyens de salut, le pauvre et le foible, qui n'y peuvent aspirer, prétendent choisir ceux qui en seront chargés. Première lutte de l'état social.

Cependant, l'un des deux partis l'emporte, ou le premier par les richesses et le talent des aspirans, ou l'autre par le nombre et l'obstination des votans, et aussitôt la question publique change de nature. Dans le premier cas, plusieurs aspirent à la monarchie; dans le second, tous prétendent à un rôle dans la république. Seconde lutte de l'état social.

Mais les troubles augmentent les dangers de la société, les dangers obligent à réfléchir, et la réflexion est le commencement de la civilisation. Les passions humaines se sont déjà montrées dans toute leur laideur; comment les réprimer? Qui a fait les hommes, qui leur a donné des passions destructives? C'est quelqu'un, c'est quelque chose que personne ne connoît. L'appréhension générale, assez justifiée par de fréquens malheurs, force à chercher des remèdes dans l'avenir. Les idées du visible et de l'invisible naissent et se confondent. Ce qui produit le bien, ne sauroit produire le mal. De la fermentation générale s'élèvent les brouillards de la superstition. On adore par reconnoissance le soleil qui éclaire, échauffe et féconde la terre; la lune, qui vient nous consoler de son absence, les astres qui nous guident lorsqu'elle disparoît, les arbres qui servent d'abri pendant l'orage. On adore par crainte tout ce qui menace, la foudre, la grêle, les animaux féroces : on sent un besoin continuel d'implorer, d'apitoyer, de conjurer, et le culte matériel de la puissance invisible naît partout des dangers et des angoisses de la société.

Ainsi, dès l'instant où plusieurs individus habitent ensemble, naît avec la société le germe de sa destruction et la nécessité de s'y opposer; ainsi dès son origine trois choses en sont inséparables : les dissensions, une autorité légale, et un culte quelconque. Le bon sens national consiste donc à prévenir la première et à se soumettre aux deux autres. Appliquons ce résultat, sur lequel toutes les histoires sont d'accord, à la marche de la civilisation et aux événemens dont nous avons été les témoins et ne cessons d'être les victimes.

Une erreur bien générale et bien bizarre est, que la civilisation n'a qu'un beau côté, c'est-à-dire qu'elle est la seule des choses humaines qui n'apporte à la société que des avantages. « Ah ! quand la civilisation » sera parvenue en France au plus haut » degré.... Ah ! si la Russie, si l'Irlande » étoient civilisées.,....,Ah !....,» Mais il en est des lumières comme de tout ce qui tient à notre existence, et la civilisation, ainsi que le monde entier, s'avance entre deux séries d'avantages et d'inconvéniens, qui croissent parallèlement entr'elles et avec elle. Il est aussi insensé de prévoir à cet égard un dernier degré de perfection , que d'aspirer à la paix perpétuelle et à la pierre philosophale. Le coup-d'œil le plus fugitif, sur l'histoire de l'esprit humain suffit pour en convaincre , et nous en extrairons de préférence les traits les plus saillans.

Quelle belle invention que celle de la navigation , surtout unie à celle de la boussole ! On peut dire que l'art de joindre quelques morceaux de bois , de les gouverner avec quelques morceaux de toile , de les guider au moyen d'une petite aiguille de fer , tripla le monde. Certes , l'homme en acquit le droit de présumer beaucoup de son génie ; ses relations alloient s'étendre , ses travaux l'enrichir , tous ses vœux tous ses soins se tourner du côté de la paix ; mais quels en ont été les résultats ? Des richesses funestes , force besoins , et des vices monstrueux. L'Espagne et le Portugal, pour avoir été les premiers à faire flotter leurs pavillons au-delà des Tropiques, virent en peu de temps se fondre leur population , et disparoître l'industrie et l'agriculture , et leur puissante jalousie préserva seule d'autres états d'une si rapide déchéance. Que de crimes ont souillé la conquête des deux Indes ! que de bassesses ont fait voir que le courage et le génie ne sont trop souvent que les satellites de l'ambition et, qui pis est, de la cupidité ? Après avoir immolé des millions d'innocens dont la plupart songeoient à peine à disputer ce qu'on étoit venu de si loin leur enlever, on a établi des marchés de chair humaine, et l'orgueilleux Européen, l'homme civilisé par excellence, n'a pas senti qu'entre le marchand d'esclaves et le cannibale, l'avantage moral étoit entièrement du côté de ce dernier, puisqu'il avoit du moins l'excuse du besoin et de l'habitude immémoriale.

Quelle utile invention que celle de l'imprimerie, et quel sujet éternel de regret de ce qu'elle n'ait point précédé le développement de toutes les connoissances humaines ! C'est dotée de ses trésors, que la civilisation eût pris un vol rapide et fût arrivée assez tôt à ce degré qui, nous faisant connoître ses inconvéniens en même temps que ses avantages, nous eût préservé de tant de siècles d'erreurs et d'infortunes. Le jeune esprit du dix-neuvième auroit maintenant, au moins, quatre mille ans ; tout ce que le génie de l'homme pourra jamais produire, seroit accompli, et nous ne serions pas , faute d'avoir suivi les routes de l'histoire, que cependant elle nous avoit assez ouvertes , au moment de retomber dans la barbarie. Notre siècle toutefois aura un mérite aux yeux des siècles suivans et il le devra à l'imprimerie. Quand la postérité verra l'abus monstrueux qu'on en peut faire, elle s'en trouvera garantie par les preuves que nous lui en aurons fournies. L'amas d'histoires mensongères et antiphilosophiques , de romans scandaleux et corrupteurs , de livres impies que nous lui aurons légués, la préservera du danger de mettre tout à la portée de tout le monde; et nos gazettes, qui feront rougir et les peuples et les rois, nos gazettes seules suffiront pour prouver que les inventions les plus utiles ont de graves inconvéniens.

Que dire de l'invention de la poudre, qui a donné lieu à tant de combinaisons merveilleuses , sur laquelle se fondent tant de réputations et de gloire si généralement reconnues, et dont on dit si légèrement qu'elle épargne aux inévitables guerres des flots de sang humain ? Hélas ! puisque les hommes, sans y être obligés par la faim ou la vengeance, se changent si régulièrement en troupeaux de bêtes féroces, du moins falloit-il leur conserver la chance individuelle des succès, qui n'appartient plus qu'à ceux qui les conduisent au carnage; ne pas réduire, au moyen de quelques grains de salpêtre et de charbon, des files de héros à n'être plus que des rangs de machines; ne pas inviter les siècles suivans à renchérir sur les autres dans l'art affreux de la destruction; sentir qu'en mettant l'action de la matière si fort au-dessus de celle de l'ame, on dégradoit les victimes sans annoblir les sacrificateurs, et que, dans ces immenses phalanges abandonnées aux calculs de l'ambition ou à l'incertitude des talens, il ne restoit plus rien de positif au soldat, qu'une modique paie, un pillage honteux ou la mort. Les guerres d'autrefois, moins meurtrières, retrempoient la valeur nationale, et le guerrier revenu dans ses foyers après avoir fait disparoître les taches de sang, redevenoit un citoyen utile. Nos guerres, toujours longues et affreuses, après avoir couvert de deuil la moitié de l'univers, ne laissent aux survivans ni la conscience de l'héroïsme, ni les vertus de la paix.

Que dire des progrès gigantesques de l'esprit humain dans les mathématiques, la physique, la chimie, l'astronomie ? Leurs avantages sont journaliers et sans nombre, ils se sont répandus sur toutes les sciences secondaires et sont descendus jusqu'aux détails de la vie privée ; mais, en réduisant tout à des résultats, à des formules, elles ont dispensé les neuf dixièmes du genre humain de la nécessité de les chercher, de les trouver, ont rapetissé tous les esprits qu'elles n'agrandissoient pas, les ont sortis de ce vague qui fait le charme de l'étude, leur ont ôté cet horizon vaporeux qui entretient la méditation et constitue plus qu'on ne le croiroit d'abord l'agrément et l'utilité de l'existence morale, et, admettant trop subitement, trop généralement les profanes aux mystères de la nature, ont donné naissance à deux espèces d'êtres également funestes à la société, les demi-savans et les gens à systèmes ; ont établi une tendance au matérialisme, qui fait croire que sentir et savoir sont la même chose ; qui donne à celui qui n'a qu'appris, l'audace de se croire l'égal de celui qui a découvert, et quelquefois même de celui qui a créé, et à rejeter le reste des hommes entre l'incertitude et l'indifférence.

La civilisation est un de ces mots vagues comme ceux de liberté , de tolérance, et dont l'interprétation est du plus haut intérêt. Ce n'est rien faire pour eux , que de civiliser aveuglément les hommes. Les idées libérales, puisqu'enfin on est convenu d'employer cette expression vague, et que des hommes qui se sont crus chargés du bonheur des hommes , l'ont consacrée ; ces idées libé-rales , sans les idées morales, ne sont que des rêves ou des poisons. Qu'est-ce que la tolérance, pour celui qui n'a pas de principes religieux ? Qu'est-ce que la liberté, pour celui qui n'a pas appris à se conduire ? Qu'est-ce que la civilisation , dont le résultat n'est pas le bonheur de la société ? Le chef-d'œuvre seroit de découvrir le genre et le degré de lumières qui conviennent à chaque peuple, et de n'établir jamais qu'une civili-sation relative. Toute ambition demande à être réglée, et la civilisation n'est qu'une am-bition plus ou moins louable et qui n'a d'avan-tages que selon le cours qu'on lui donne.

Prenons un exemple que les circons-tances actuelles rendront plus frappant. Que de gens qui, depuis cinquante ans, répètent que la Russie ne sera civilisée que lorsque le peuple cessera d'y être esclave. Cela présente une grande idée aux esprits ordinaires, et ne dit rien à ceux qui ont quelque connoissance du système paternel qui règle ce vaste empire. Rien peut-être n'y est calculé, mais le temps y a établi, par la force de l'expérience et des intérêts réciproques, ce que j'appellerois le régime de la poule aux œufs d'or, source intarissable de ménagemens, d'encouragemens et de secours pour la dernière classe de la nation, et qui laisse à la noblesse le mérite et les récompenses des vertus patriarcales qu'elle est si intéressée à exercer, et dont le gouvernement l'est si fort à protéger l'exercice. L'Angleterre, la Hollande peuvent-elles montrer des fortunes populaires égales à celles de ces esclaves du Nord, des existences plus paisibles, une gaîté plus franche, des plaisirs plus vifs, une industrie plus libre, des costumes plus riches, plus nobles ? Eh bien ! allez porter à ce peuple satisfait, à cet heureux enfant, allez lui porter la liberté, et vous lui ravirez le bonheur. Je suis loin d'être l'apôtre de l'esclavage ; l'établir me paroîtroit odieux, et le faire disparoître me sembleroit digne d'un bon gouvernement ; mais de quelles précautions ne faudroit-il pas user , lorsqu'il s'agit de l'existence sociale de trente millions d'hommes. Et cet exemple si frappant que j'ai choisi , et l'exemple plus frappant encore que nous a fourni la France, ne doit-il pas faire craindre que ce qu'on nomme les idées libérales ne soit que le goût des innovations et l'incapacité ou la paresse de ceux qui se trouvent chargés de maintenir les institutions que nous devons au temps et à la sagesse de nos devanciers.

Qu'importe à l'individu que l'on célèbre l'excellence des principes d'après lesquels il est gouverné, si ces principes ne le rendent pas heureux ! Qu'importe à la société l'opinion des académies et des salons, si les haines, les ambitions , les intrigues sont les suites de cette opinion ! On publie partout, avec une hardiesse insoutenable , que la tendance du siècle est vers le gouvernement représentatif; les princes intimidés renoncent à l'envi aux droits les plus constatés et les plus nécessaires, tant l'éloquence a de pouvoir, ou la crainte d'éloquence; on voudroit prescrire à des Empereurs d'Autriche et de Russie, à des Rois de France et d'Espagne , les mêmes règles, les mêmes précautions qu'à

de petits Souverains d'Allemagne et d'Italie ,
et les peuples consternés se voient menacés
de perdre encore une fois leurs maîtres ,
leurs institutions et leur bonheur. Ah ! que
l'Europe s'arrête un moment dans sa marche
philantropique ; qu'elle réfléchisse un moment. Faire perdre aux hommes un bien-
être présent et réel , une position qui même
ne seroit que supportable, pour une félicité
imaginaire ou qu'ils ignorent , pour arriver
à un degré de perfection qui est au moins
douteux , n'est pas le progrès des lumières,
mais un retour positif et rapide à la barbarie.
Sans doute il faut arriver le plus tôt possible
au mode de gouvernement le plus propre à
établir sur des bases solides le bonheur des
nations ; mais, après la religion et la morale
publique, qui sont également nécessaires à
toutes , il faut consulter leur génie et leur
caractère , sans lesquels les institutions les
plus sages ne sont que des châteaux de
cartes. Il ne faut pas vouloir édifier en un
jour ce qu'on destine à braver le temps et
les passions , et surtout ne pas se priver
de ce qui existe, avant de s'être assuré des
moyens et des matériaux de remplacement.
D'abord des mœurs et une religion, ensuite

de l'expérience et la sagesse, puis des lumières et la modération. Traiter le peuple Français de penseur avant de lui avoir appris à penser, c'est le condamner à d'éternelles infortunes; mais j'aurai lieu de revenir bientôt sur cette importante vérité. Reprenons encore pour un instant la civilisation à son origine.

A mesure qu'elle avance, le guerrier perd de son importance et le magistrat sent croître la sienne : c'est même une des preuves les plus certaines de ses progrès. Il est si vrai que la puissance et la prospérité d'un état dépendent davantage de la sagesse de l'administration que de la force de l'armée, que le plus beau rêve qu'aient fait les gens de bien est celui d'une paix perpétuelle, que le soin principal de ceux, qui pour régner ont préféré l'amour et la confiance à la crainte, a été de maintenir le clergé et la magistrature dans une grande considération, et les militaires et les lettrés dans une subordination bien établie, les premiers ne trouvant de gloire et de bonheur que dans le trouble, les autres recherchant trop le relief que procurent les idées extraordinaires, et, par amour-propre, les poussant toutes au-delà du vrai, du possible et par conséquent de l'utile. Appliquons cette maxime, que l'on pourroit appuyer de tant d'exemples, appliquons-la à l'état de barbarie où est tombée la France ; car la barbarie ne consiste pas seulement à se montrer nu, à ne pas faire son poil et à manger son semblable, mais à n'avoir ni foi ni loi, et à faire de fausses et dangereuses applications des principes sociaux et des lumières acquises. Faudra-t-il aujourd'hui que la civilisation, dont les moindres élémens lui sont si importans et si précieux, s'arrête devant l'ambition des gens de guerre, ou recule devant l'indiscipline révolutionnaire des gens de plume ? Est-il contre cette ambition, contre cette indiscipline, un autre rempart que l'instruction morale et le code moral, trop dépendant, comme nous l'avons fait voir, des passions du cœur et des égaremens de l'esprit ? peut-il avoir d'autre base, d'autre appui que l'instruction religieuse ? Ce ne sont plus de petits arrêts de salon, de verbeuses dissertations académiques qui décideront de ces grandes questions.

Français ! laissez pour un temps reposer les grâces, les Muses, la gloire et Mars et Bel-

lone, vous les retrouverez toujours ; laissez
aux divinités du vulgaire, à Minerve, à Thé-
mis, à la paix quelques années de règne. Elles
vous ramèneront doucement au respect de
cette Toute-Puissance devant laquelle dis-
paroissent les images , les figures et les
sophismes de votre mythologie actuelle. Ce
n'est pas moi que je vous invite à consulter
sur les plus grands intérêts dont le cœur et
l'esprit puissent se pénétrer, c'est le premier
venu, pourvu qu'il soit de bonne foi et
que vous le trouviez d'accord avec le sentiment intérieur du bon et du beau, ce
sentiment vainqueur de tout ce qui cherche
à l'étouffer, que vous portez tous dans le
cœur, et qui est Dieu même. Ne vous ingé-
niez plus à vous créer de brillantes erreurs
et des principes extraordinaires. Le bon sens,
voilà le premier guide lorsque la conscience
n'est plus écoutée ; écoutez-le, et il vous
dira, que la félicité nationale ne peut naître
que de la paix, que la paix dépend de
l'empire que l'on accorde aux idées morales,
que celles-ci ne peuvent venir que des applications de la conscience aux entreprises
de la vie, et que sans elles l'esprit public
et la vertu ne sont que des mots.

Qu'ils font pitié, ces esprits si grands en paroles, tantôt chrétiens, tantôt idolâtres, si nuls en principes, si pauvres en résultats! qu'ils font pitié lorsqu'on les oblige de sortir du cercle étroit du système révolutionnaire! qu'ils font pitié quand ils répètent que la religion est insuffisante comme moyen de répression! Que ne disent-ils la même chose des lois, car pour faire adopter à la foule imbécille leurs inconséquences, encore faut-il avoir l'air conséquent. Alors il n'y aura de respect, ni pour la loi, ni pour la religion; alors on pourra se moquer de la magistrature comme on affecte de se moquer du clergé : du mépris des autels à celui des tribunaux, il n'y a qu'un pas, et de la magistrature au pouvoir suprême, il n'en reste qu'un autre à faire. Quelle perspective riante pour le génie du mal! La France dévorée ne sera bientôt que la proie des étrangers ou la dot du dernier survivant. Si cette perspective paroît choquante à quelque Français, qu'il me dise donc, pendant que l'imprudence et l'immoralité poursuivent leur chemin à bride abattue, qu'il me dise où elles s'arrêteront, sur quelles bases elles élèveront leurs édifices, quelle durée elles croient leur assigner. Tout parle à la fois dans cette France devenue le foyer de l'incendie universel ; mais où sont les pensées qui consolent, les entreprises qui rassurent ? La vanité, la vanterie de ses habitans fatiguent les échos de l'univers; mais qu'a-t-on fait ? Nous ne le voyons que trop : que fera-t-on ? C'est là ce qui fait frémir.

Une observation frappante et que chacun peut faire, c'est qu'aux siècles où la France fut véritablement grande, on ne s'y vantoit pas du progrès des lumières, et ces progrès cependant étoient bien autrement remarquables en comparaison des époques précédentes, bien plus sensibles et plus brillans que ceux dont la fatuité nationale du 18.ème siècle a voulu se faire un titre à l'admiration générale et un droit aux entreprises les plus exagérées. Les règnes de François Ier et de Louis XIV portent le caractère d'une dignité qui ne se perd pas dans des phrases, d'une sagesse qui ne s'évapore pas en déclamations. Les fautes, bien que grandes, y ont quelque chose d'inévitable, qui porte à en excuser l'imprévoyance, quelque chose d'involontaire, qui laisse à la vertu toute sa beauté et au repentir toute sa noblesse. Une foi vive dans la doctrine, une confiance aveugle dans les institutions, y prêtent à l'autorité un pouvoir presque surnaturel. On y trouve des crimes, mais toute la nation se croit obligée d'en rougir ; on y rencontre d'affreux revers, mais toute la nation se croit appelée à les réparer. La fidélité s'y montre sans orgueil, l'obéissance sans murmures ; les sacrifices ne s'y consolent point par des reproches, ne s'y vengent point par des révoltes. Un système tacite, mais général, de perfectibilité y exerce dans toutes les classes de citoyens, dans toutes les branches de l'administration, une influence régénératrice ; et que la France soit triomphante ou prête à périr, on y retrouve toujours, depuis le trône jusqu'à la chaumière, une volonté et un espoir de faire mieux, qui désarme la critique, console de l'imperfection naturelle des œuvres humaines, et reporte vers le ciel les espérances de la terre. Eh ! de quoi voudroit-on se vanter à de pareilles époques ? Chacun voulut faire son devoir et crut n'avoir fait que cela. Mais lorsque se relevant tout-à-coup de la fange dont on avoit trop négligé de purger la capitale, quelques misérables virent que pour changer de vêtemens il falloit dépouiller les voisins, et qu'après s'être r'habillés aux dépens de fortunes particulières, il ne pouvoit exister d'impunité que par le renversement de la fortune publique, ils appelèrent tout ce qui étoit sans foi et sans fortune, et cherchèrent des Catilinas pour les conduire. L'étonnement produisit la stupeur, la stupeur le silence, le silence fut pris pour le consentement, le consentement fut couvert d'applaudissemens : on décrète les lumières. La royauté et la religion périrent en même temps ; un seul objet ne pouvoit être détruit, on prit le parti d'en nier l'existence. C'étoit Dieu. Après de telles œuvres, il étoit bien naturel de s'en vanter ; le crime avoit eu pour lui tous les prestiges de la magie, toutes les pompes de la réussite, et bientôt la France et une partie de l'Europe ne cessèrent plus de célébrer le grand siècle et la grande nation. —

Les Français sont dégrisés aujourd'hui ; mais qu'ils ne s'y trompent pas, ils ne sont ni corrigés ni prêts à s'amender, et c'est ce qui force à tout craindre d'eux et pour eux. L'individu peut trouver une sorte de gloire à reconnoître sa faute et à la réparer ; mais ce sentiment n'existe pas pour la société, ou, s'il existoit, il seroit sans fruit, parce qu'aucun de ceux qui la composent ne veut

être le premier à s'humilier, et que, tout
en condamnant la société en général, il se
croit ordinairement, ou le seul qui n'ait rien
à se reprocher, ou le seul pour lequel se
présentent des excuses. C'est donc à l'autorité, à une autorité légitime et généralement
approuvée, à se charger des formes et des
effets de la repentance nationale. Ceci nous
conduit à aborder la grande question de la
légitimité du pouvoir, sur laquelle on ne
trouve guères en France que les idées les
plus extraordinaires et les opinions les plus
absurdes.

DE LA LÉGITIMITÉ DU POUVOIR ET DES DROITS DU PEUPLE.

En fait de gouvernement, on pourroit
assigner aux très-petits états, aux grosses
villes entourées d'un territoire, la démocratie ;
aux états de moyenne grandeur et qui dans
le système général ne peuvent avoir qu'une
force défensive, l'aristocratie ; aux grands états
la monarchie pure et simple. Ce seroit le
moyen de placer et de classer les élémens
qui fermentent d'un bout de l'Europe à

l'autre, et l'on pourroit satisfaire à toutes les
ambitions qui ne doivent le jour et leur importance qu'au bouleversement général. Du
droit que se sont attribués et du goût que
se sentent tant de gens de se mêler de tout
ce qui tient au gouvernement des peuples,
est née une idée qui d'abord semble bonne,
et qui, à cause des prétextes qu'elle fournit
au grand nombre, aura une influence plus
ou moins prolongée : c'est celle du gouvernement représentatif. On dira que l'Angleterre en avoit fourni le modèle; mais il est
plus correct de penser et de dire, qu'elle
n'en fournit que le prétexte à ceux qui ne
peuvent supporter la pensée de voir rétablir
un édifice dont la destruction leur avoit coûté
si peu de peine et tant de crimes. — Un bourgeois de Lyon, de Marseille, de Bordeaux
croit en conscience qu'aucun gouvernement ne
peut se soutenir en France sans lui, et partant
un bourgeois de Langres, de Brive-la-gaillarde
et de Château-Thierry croit la même chose.
Voilà la démocratie. — Un Rohan, un La
Trimouille, un Montmorency, après avoir vu
chacun donner impunément son avis, croit
qu'il est décent, sinon indispensable, que
sa voix compte dans les délibérations d'un

bon gouvernement, et partant les grands seigneurs nés de la République ou de l'Empire, surtout s'ils ont été plus particulièrement chargés de rançonner ou de désorganiser quelque royaume voisin, forment pour eux-mêmes une égale prétention. Voilà l'aristocratie entée sur les souvenirs de la féodalité. — Le Roi, qui, dans son ame et conscience, croit ses droits plus établis que jamais par les contestations qu'ils ont éprouvées, n'en a abandonné quelques parcelles qu'à l'impétuosité des circonstances qui les détruisoient, et à l'espoir du seul moyen qui pouvoit lui en restituer la totalité, se promettant de ressaisir à la première occasion ce que mille ans de possession sembloient rendre incontestable; et il est vrai de dire que de tant d'ambitions différentes de genre et d'âge, la sienne est la seule qui soit fondée en droit et en raison.

On finira par en convenir généralement, la France ne peut être gouvernée, ni comme Hambourg ou Dantzig, ni comme Gênes ou Venise, ni même comme l'Angleterre, parce qu'il faudroit, pour cela, commencer par obtenir des Français un siècle consacré tout entier à l'éducation nationale, à cette connoissance générale des lois et des intérêts qui distingue le peuple anglais et lui a formé un caractère que n'acquerront jamais les autres. La France est donc condamnée, par l'étendue de son territoire, la grandeur de sa population, la complication de ses intérêts et la versatilité du caractère national, à cette loterie perpétuelle à laquelle les grands états furent soumis de tout temps, loterie qui fait dépendre une nation alternativement des talens et de l'incapacité, des vertus et des foiblesses, de l'insouciance et de la tyrannie et dont les graves inconvéniens ne peuvent être parés ou mitigés que par la morale publique et la religion. Si le prince est vicieux et la nation religieuse, l'un se trouve contenu par la force morale de l'autre, et la contagion qui part du trône s'arrête à sa source. Si la nation est vicieuse et le prince religieux, les forces d'administration et de répression se doublent par l'exercice qu'il en fait, car la religion lui commande la justice et d'user du glaive pour retrancher la corruption. Si le prince et la nation se trouvent pénétrés d'un égal respect pour les lois morales et religieuses, tout va de soi-même, et leurs forces réunies ne sont plus occupées qu'à défendre ce qui ne peut

manquer d'être envié. « Un prince qui aime
» la religion, » dit Montesquieu (4), « et qui
» la craint, est un lion qui cède à la main
» qui le flatte ou à la voix qui l'appaise :
» celui qui craint la religion et qui la hait,
» est comme les bêtes sauvages qui mordent
» la chaîne qui les empêche de se jeter sur
» ceux qui passent : celui qui n'a point du
» tout de religion, est cet animal terrible
» qui ne sent sa liberté que lorsqu'il dé-
» chire et qu'il dévore. » On peut dire la
même chose du peuple, de sorte que dans
toutes les chances possibles, les fondemens
d'un état, et particulièrement d'un état mo-
narchique, ses étançons du moins, ne peuvent
être que la morale et la religion.

La France, ainsi que tous les royaumes
de la terre, rencontra, dans cette loterie, de
mauvais princes ; mais quel royaume pourroit
se vanter d'en avoir tiré autant et de plus
beaux règnes ? L'histoire ne nous montre-t-elle
pas en outre que les troubles qui l'ont dé-
solée n'ont presque jamais eu d'autre cause
que le goût naturel de la nation pour les
innovations politiques et religieuses, sa ver-

---

(4) Esprit des Lois, Liv. XXIV, Ch. II.

satilité naturelle , qui l'empêche toujours de se contenter du présent , sa légèreté incorrigible , qui détruisit toujours avant de savoir où elle prendroit de quoi réédifier. C'est presque toujours elle qui se créa de mauvais rois , en forçant des princes foibles , mais qu'une nation sage eût supportés ou dont elle eût spontanément corroboré le pouvoir par les preuves de sa fidélité , à devenir cruels ; et si, d'une part, les souvenirs de la féodalité se montrèrent toujours actifs au rétablissement d'une aristocratie pernicieuse, ne voyons-nous pas, de l'autre, des novateurs et des sectaires renouveler sans cesse leurs tentatives en faveur d'une démocratie sanguinaire ? Quel tableau instructif ne feroit-on pas , en plaçant en regard des caractères de la race des Capétiens , celui de la nation Française ! En songeant à l'intérêt dont il seroit pour la chose publique, il est difficile de résister au besoin d'en offrir ici l'ébauche ; mais il faut se garder, en matière de morale, de tout ce qui peut distraire des idées mères. Il suffira de remarquer que, selon toute apparence, Louis XIII sans le Cardinal de Richelieu ne fût pas mort sur le trône, et que Louis XVI avec un pareil ministre y seroit encore.

Quel est donc ce droit particulier dont on rappelle, à chaque discorde dans l'état, la mémoire séditieuse, ce droit que chacun s'arroge d'élire un souverain ou de restreindre ceux du maître auquel il a prêté serment, ou de voter une constitution nouvelle? Quelle est cette ingratitude des souvenirs, ce mépris de la foi jurée, cette imprudence habituelle des opinions, cette insolence, enfin, qui se targue des vœux du peuple, de ses droits, que le peuple lui-même ignore, pour s'assurer l'impunité? Quel est ce droit public de nouvelle création, qui fait que les princes se croient obligés de venir consulter une nation sur le genre de gouvernement qu'elle veut avoir? Je remets cependant à un autre moment les questions importantes que j'aurois encore à faire; il faut éclaircir auparavant celle du peuple, de ce pauvre et bon peuple, qui ne sait rien de ce qu'on lui fait dire, qu'on ne peut faire parler des intérêts publics qu'au sortir du cabaret, et qu'encore il faut accoutumer auparavant à y aller et à raisonner de ce qu'il n'entend pas.

Le peuple n'est, dans aucun pays, cet amas de gens sans aveu, sans industrie, sans vocation et sans mœurs, qui se cache et se montre alternativement dans les grandes cités, et dont on fait agir ou parler chaque individu pour vingt sous : le peuple est la dernière classe des habitans des villes et des campagnes, qui travaille beaucoup, vit de peu, juge de sa position avec d'autant plus de sagacité que ses intérêts n'excitent pas ses passions, et que la droiture de son sens est à l'abri des influences de l'imagination. La foi du peuple est inébranlable, c'est celle du charbonnier; elle ne se perd point en subtilités ; elle se fortifie sans cesse de la confiance qu'elle lui inspire, et se borne aux pratiques qu'il aime, parce qu'elles autorisent les seuls momens de repos qu'il se permet, et souvent le forcent à en prendre. Plus rapproché que nous des opérations journalières de la nature, ses idées et ses goûts conservent une simplicité que nous ne saurions recouvrer pour les nôtres. Ses opinions ne sortent pas du cercle que lui tracent de vieux proverbes et quelques passages des Écritures saintes. « A chaque jour » sa peine. — Chacun son métier, les champs » sont bien gardés. — Un *tiens* vaut mieux » que deux *tu l'auras.* — Ne fais pas à » autrui ce que tu ne veux pas qu'on te » fasse. — etc. » Ses vœux ordinaires se

bornent à la pluie et au beau temps, et sa politique à la guerre ou à la paix, selon la nature
de ses espérances et de ses besoins; et lorsqu'il
voit jour ou nécessité à faire connoître sa volonté, elle se borne à demander prompte justice, des secours en cas de misère ou de maladie,
et à être à l'abri de tout genre de changemens
et d'innovations. C'est ce dernier point surtout
qui le touche sensiblement, car ses connoissances et ses ressources étant également bornées,
le moindre dérangement détruit ses plans
héréditaires et ses moyens accoutumés. A-t-il
prospéré jusque là, un changement l'arrête;
n'a-t-il pas réussi, son embarras s'en augmente,
et les idées qu'il avoit acquises pour faire mieux
lui échappent. Son attachement au gouvernement n'est point raisonné, mais il repose sur
le plus ou moins de sécurité qu'il lui inspire,
et comme, pour lui, le plus grand résultat
de la vie est de gagner un peu plus et de
dépenser un peu moins, la moindre secousse
l'effarouche, la moindre nouveauté le chagrine,
et toute innovation le fait crier. Voilà quel
est partout le peuple. Que n'a-t-il pas fallu
pour pervertir en France l'heureux caractère
que donne ce mélange de sagesse naturelle et
de sentimens religieux au laboureur, à l'artisan,

caractère auquel ils ne renoncent que lorsqu'ils ont tout perdu. L'homme du peuple aime son Souverain parce qu'il le regarde comme le représentant de son Dieu; il aime son Seigneur parce qu'il ne peut se passer ni du riche qui paie ses travaux, ni du puissant qui les protège; il aime, pour peu qu'ils soient justes et expéditifs, les officiers chargés de la discussion de ses intérêts. Il aime son curé parce qu'il l'instruit ou le console; et c'est à cette classe si foncièrement bonne, si naturellement sage, si constamment utile, mais que sa simplicité rend toujours si crédule, qu'après l'avoir pervertie par les plus grossiers mensonges, par les appâts les plus grossiers, on a voulu attribuer des erreurs qu'elle sembloit ne pas devoir adopter et les crimes dont l'idée ne lui seroit pas venue sans l'affreux talent de ceux qui sentoient que, pour renverser un édifice, le plus sûr et le plus court est d'en saper les fondemens.

Mais en supposant que, dans quelque partie d'un grand état, l'artisan, le laboureur voulût se mêler de l'administration et faire valoir d'autres droits que ceux que lui assure son utilité, quelle part veut-on qu'il prenne ; croit-on qu'il puisse prendre aux délibérations, et à quel mode de délibérations pourra-t-on le soumettre? Il n'a pas la moindre des notions qui puissent l'établir juge en pareilles matières; il n'a eu ni n'aura le temps nécessaire pour les acquérir, et, hors qu'il ne soit énivré ou mis en colère, la pensée ne lui viendra pas qu'on puisse le consulter. Qu'on se représente une commune, un village délibérant sur la légitimité du pouvoir souverain, le droit de réprésentation, le mode, la nature et la quotité des impositions, les principes du recrutement et des douanes. Colas veut la pluie pour son champ. Jaques veut le soleil pour son pré. Hors de là, vous n'en tirerez que des mots vides de sens. Mais, en supposant que la délibération fût possible, que quatre à cinq cents manans tombassent d'accord sur des objets qui causent les plus vives altercations dans les assemblées les mieux composées, et que souvent les ministres et les rois eux-mêmes connoissent si peu, il arrivera que, tout en murmurant des frais de voyages et de séjour et de la perte du temps, on dépêchera le maire, le syndic ou tel autre notable de la commune pour la représenter à l'assemblée provinciale ou nationale; qu'il partira sans instructions, parce que personne n'est en état de les lui faire, et qu'arrivé au lieu de sa destination, s'il n'est pas gagné le lendemain par quelque chef de parti, il se mettra du parti du plus fort. Il sentira le ridicule, l'inconvenance et l'inutilité de vouloir interrompre des délibérations d'un intérêt général, pour plaider les petits intérêts douteux de ses commettans, et se promettra d'attendre que les grandes affaires soient réglées, pour aller recommander les siennes au Ministre ou au chef qu'on aura établi pour sa province. Voilà le vœu du peuple, voilà la marche des affaires et comme elles se sont toujours passées partout, excepté peut-être en Suède, où le paysan reçoit un genre d'éducation proportionné au rôle qu'il peut être appelé à jouer, et en Angleterre, où les représentans du peuple sont choisis parmi des gens éclairés et préparés de longue main aux discussions qui l'intéressent. Il est donc aussi impertinent d'alléguer aujourd'hui la volonté du peuple, qu'il est imprudent de vouloir l'obliger à en parler. En France, on cite avec emphase ces listes exposées dans les communes et sur lesquelles chacun est libre de consigner son vote ; mais les a-t-on jamais présentées que dans le but et avec la certitude d'en obtenir un résultat préparé par l'ambition et par l'intrigue ? J'en appelle à tous les témoins de cette jonglerie répétée. Les jeunes gens s'y inscrivoient en riant, pour montrer qu'ils savoient écrire et qu'ils participoient à l'exercice d'un droit quelconque, et les gens mûrs, en déplorant les troubles de la patrie et les incertitudes de l'avenir. Les vieillards, les gens sages et reconnus pour tels, n'alloient pas au bureau. Pas d'impôts, pas de taxes, pas d'octrois, pas de recrutement : voilà la volonté, voilà les vœux du peuple ; mais quel gouvernement, quel législateur a jamais songé à y obtempérer ? et ceux qui inventent tous les jours des constitutions, ne me semblent pas assez décidés à renoncer au maniement de la force publique pour y satisfaire.

Malheur à une nation lorsque la loi de l'humanité, devant qui tous les hommes sont égaux, tombant à coups redoublés sur la famille régnante, laisse le trône vacant et accorde à l'ambition et à l'intrigue une de ces occasions rares et grandes de s'exercer sans scrupule ! Sans doute alors chacun peut se croire un droit quelconque à la nomination du nouveau souverain, au choix d'une famille nouvelle, à celui d'un mode de gouvernement plus approprié que l'ancien aux besoins et au caractère de la nation. Les conditions du pacte héréditaire ont été remplies ; le renouvellement perpétuel des vieux sermens a cessé ; le trône est réellement vacant, et c'est par la volonté de Dieu même. Mais quels que soient les accessoires politiques et moraux de cette circonstance, on ne pourra s'empêcher de la considérer comme un malheur public et un grand danger. Sur tant de chances qui se présentent alors, il n'en est qu'une de favorable, c'est le choix d'un bon prince ; les autres menacent l'état, en tout ou en partie, et les apparences de tempête sont si menaçantes, que le moindre soliveau paroîtra un objet d'espoir et un instrument de salut, et que, sans une religion bien établie et une moralité bien éprouvée, l'égoïsme et l'ambition régneront sans obstacles. Alors se renouvelleront à la fois toutes les questions que je viens de faire et tant d'autres que pour le moment j'ai crues inutiles. Qui fera parler le peuple, qui de lui-même ne demande pas à parler ? Que voudra la bourgeoisie, qu'osera la noblesse, toutes deux si avides d'occasions ? Que tenteront les princes, toujours si prompts et si hardis à se créer des droits ? Que feront ces ambitieux si

brillans, et qui attendent toujours des époques extraordinaires dans l'espoir de fonder
une dynastie et de lui assurer des établisse-
mens ? L'histoire nous montre que, parmi
les nations civilisées, la sollicitude paternelle
du monarque agonisant, la prévoyance de
son conseil, ou le vœu national, qui se
forme alors de la confiance dans un individu
recommandable et de la crainte d'une crise
inévitable, avoit désigné d'avance celui qui
pouvoit sauver l'état d'un danger aussi immi-
nent, et qu'une prudence nationale, assez
commandée par les circonstances, s'étoit
bornée à soumettre cet individu aux pactes
déjà existans, et n'avoit pas souffert qu'on en-
tamât des discussions de droit, toujours fâcheuses et ordinairement inutiles. L'histoire
nous montre de même ce qu'il reste à faire
au sortir de ces crises rares et violentes pendant lesquelles l'ancien gouvernement a disparu, les droits se sont égarés, les lois ont
été abolies, les souvenirs se sont effacés,
les forces épuisées, les espérances évanouies;
au sortir d'une anarchie que la folie générale
sembloit avoir organisée, à laquelle il ne restoit ni les conseils de la religion, ni les secours
de la morale, ni les remords de la vertu;

qui ne pouvoit durer cependant, parce que le dégoût et la fatigue la condamnoient à cesser, et que la vanité nationale ne suffisoit plus à la protéger.

Français ! il n'est plus rien pour vous sur la terre que le repentir : lui seul peut vous faire rentrer dans l'ordre moral. Nobles, Bourgeois, Peuple, repentez-vous, humiliez-vous, non devant les hommes, mais devant la religion, devant cette morale épurée, cette lumière douce et secrète, qui éclaire sans blesser, qui est toute en secours, en conseils, en consolations, pris dans le cours ordinaire et dans la nature même des élémens dont se compose la vie. Songez-y bien et vous regretterez qu'il ne se soit pas présenté plus tôt un apôtre des vérités simples et éternelles, loin desquelles il n'est ni bonheur, ni force, ni gloire, ni certitude pour l'avenir. Songez-y bien ; lorsqu'il existe des princes d'une bonne race, et qui vous a fourni de bons et de grands rois, d'une race qui régnoit sur vous depuis plus de dix siècles, et qui vous a si long-temps maintenus à la tête des nations, qui même, dans les momens les moins brillans, se montroit encore resplendissante de souvenirs et d'espérances ; quelle froide inconséquence, que de mettre en doute la légitimité de ses droits ! quelle humiliation que de souffrir journellement qu'on les mette en balance avec ceux d'un étranger, d'un aventurier, sorti de la fange de la révolution, et qui ne pouvoit vous séduire qu'en promettant de vous en tirer; qui vous a fait payer une gloire désastreuse du plus pur de votre sang et de tous vos trésors, et ne vous a laissé d'exemple que celui de la lâcheté, et d'héritage que vos plaies ! Quelle folie, que de recommencer toujours vos expériences administratives, pour plaire à quelques intriguans subalternes, qui, après avoir manqué leur coup une première fois, vous dévouent sans pitié à de nouveaux essais ! Quel aveuglement funeste, enfin, que de vous précipiter toujours dans une arène fumante, et d'où les ombres ensanglantées de vos pères et de vos frères, vous font signe de ne pas approcher !

Eh ! qu'avez-vous donc à reprocher à ces princes qui, après avoir porté d'exil en exil leurs droits et leurs malheurs, vous furent ramenés par un miracle, et dont le retour inattendu, accompagné de tous les signes de la faveur céleste que vous êtes si loin de mériter, ne vous ont, au lieu de vengeances et de châtimens, rapporté que l'exemple des vertus que vous aviez oubliées ? Vous n'avez pas la franchise de leur reprocher le trop de bonté dont vous abusez, mais l'idée du pardon vous révolte, parce que leur pardon vous est nécessaire, et vous ne le repoussez que parce que vous croyez vous venger ainsi du Dieu qui les a ramenés et dont l'éternelle justice ne sauroit vous affranchir de leur clémence. A qui donc ces victimes de votre ingratitude, de votre lâcheté, des jalousies anciennes de l'Europe, à qui devoient-elles s'adresser dans l'abandon général, si ce n'est à ce Dieu, sans qui les peuples et les rois ne sont rien ; et quel exemple ces illustres infortunés pouvoient-ils rapporter à la plus infortunée des nations, si ce n'est celui de la piété ? Sachez, car le jour de ne plus rien cacher me semble arrivé, sachez que la religion n'eut pas toujours sur eux tout le pouvoir qu'elle avoit droit d'en exiger ; qu'hommes ainsi que vous, ce fut le malheur qui leur apprit à apprécier tout ce qu'elle vaut, et qu'en vous admettant au spectacle de cœurs humiliés et repentans, ils débutèrent sur le trône par vous offrir le premier, le plus grand des bienfaits que des hommes puissent accorder à leurs semblables, qu'un souverain puisse assurer à ses sujets, l'exemple. La mode, le caprice, la fausse honte, triompheront-ils donc chez vous de la religion même et de la morale ? Les Français étoient si fiers jadis de se croire les protégés de St. Louis, d'un roi Français et canonisé presque de son vivant! et aujourd'hui ils repoussent ses fils lorsqu'ils montrent un désir si naturel et si sincère de lui ressembler! On vous a vus touchés de la piété des Dunois, des Duguesclin, des Bayard, et vous semblez rougir d'un Bourbon, qui au moment de lever, malgré lui, le bras sur des Français, demande leur repentir au Ciel, qui juge entr'eux et lui. Parmi vos ducs, vos sénateurs, vos généraux, vos représentans, on déplore tout haut les principes religieux, sans lesquels pourtant la plupart d'entr'eux ne seroient que des victimes abandonnées par l'inconstance du sort, à la vengeance d'un maître irrité; et, trop indignes de la loi de grâce, ils cherchent à cacher leurs justes appréhensions sous les craintes affectées d'un fanatisme que, hors eux, personne ne prévoit. Ah ! il faut être sincère lorsqu'on veut engager les hommes à examiner leur position. Du côté des princes, on trouve de grandes fautes, mais un grand repentir ; du côté des sujets, de grands crimes et pas un remord.

Si lorsque, honteuses enfin de se voir sans cesse menacées du même joug que les Français, les nations étrangères se croisèrent contre l'ennemi du genre humain, une fausse et dangereuse magnanimité, baptisée du nom, inconnu jusqu'alors, de principes libéraux, n'eût égaré le conseil de leurs chefs, les Français eussent été soumis aussitôt à la loi du talion et remis sans condition sous l'autorité paternelle de leur roi ; les châtimens eussent triomphé de la légèreté et de l'ingratitude, et amené des effets que la clémence et l'oubli des offenses n'en purent obtenir. Un supplice mérité eût, selon l'ancien usage, fait raison à la société de ceux qui se font un jeu de la troubler. Des conspirateurs obscurs, d'insolens aventuriers eussent disparus sous le glaive de la loi, la France verroit déjà ses plaies se cicatriser, et ne souffriroit plus de doutes sur l'existence de Dieu et sur la légitimité de l'autorité royale.

Les Bourbons en France (1814).

Il me reste à faire l'application des principes et des raisonnemens que j'ai crus les plus propres à raccommoder les Français avec leurs intérêts et leurs devoirs. En examinant l'essai de règne qu'a fait le Roi Louis XVIII depuis le 31 mai 1814 jusqu'au 20 mars 1815, nous trouverons plus d'une occasion d'en reconnoître l'importance. Il ressortira de cet examen, fort intéressant par lui-même, deux vérités auxquelles j'attache un grand prix, l'une, que les principes qui servent de bases à mes raisonnemens sont excellens, et l'autre, que je ne connois, en fait de gouvernement et de politique, d'autre parti que celui de l'expérience et de la morale.

Le premier résultat de la coalition triomphante qui plaça l'année 1814 au nombre des plus remarquables de l'histoire, fut d'établir un droit public dont l'imagination la plus exaltée eut peine à se rendre compte, qui acheva la ruine de la morale et de la religion, et ne fut admirée que quelques jours, même par ceux qui y sembloient aussi intéressés qu'à leur existence. Les princes vainqueurs voulurent consulter le peuple vaincu sur le gouvernement qui lui seroit le plus convenable. Ils ne sentoient donc pas, ces princes venus de si loin, avec tant de fatigues, de dépenses, de gloire, le tout si chèrement payé par leurs sujets, qu'assemblés au milieu d'un camp, ils étoient comme le faisceau de la souveraineté universelle, et que c'étoit pour le maintien de cette souveraineté, si nécessaire au bonheur du monde, qu'ils avoient combattu, et que le ciel leur avoit accordé la victoire ! Ils oublioient donc que la nation à laquelle ils faisoient le sacrifice inutile et dangereux de leur dignité personnelle et de leur gloire militaire, étoit la même qui, depuis cinq lustres, avoit fourni, avec un empressement fanatique, les agens destinés à renverser tous les trônes et à corrompre tous les peuples de la terre, et qu'un hommage que leur arrachoient rarement la sagesse et la vertu, ne pouvoit, sans blesser la justice, la prudence et toutes les convenances reconnues indispensables, être offert à une race constituée d'assassins et d'empoisonneurs ! Ils ne prévoyoient donc pas qu'en sanctionnant ainsi, par un acte inoui, les rebellions et les crimes d'un peuple étranger, ils les *patentoient* dans leurs propres états, et que ce peuple, longuement formé à l'abus de la victoire, ne pouvoit considérer les sacrifices d'un vainqueur que comme les arrière-pensées de la crainte ou les précautions d'une perfidie à venir.

Si dans cette lutte à jamais mémorable, et où il s'agissoit du monde politique et moral, les Monarques alliés ne se fussent considérés que comme des guerriers qui ne combattoient que pour la gloire, ah ! sans doute, ils étoient en droit de disposer de leur conquête, ils pouvoient la conserver, la partager, la restituer ; leur bon plaisir pouvoit suffire, le code des conquérans est le mieux établi et le plus ancien du monde ; mais si, comme s'en flattoit l'humanité blessée dans tous ses rapports, trahie dans tous ses intérêts, ils ne s'étoient armés qu'en qualité de défenseurs du trône et de l'autel, quelle douleur ne devoit-elle pas ressentir en les voyant traiter avec une soldatesque effrénée, des scélérats couverts du sang le plus précieux et une nation si légère, qui, en retour d'une loyauté romanesque, ne leur montroit, ni le remord du crime, ni la confusion de la défaite, ni

les appréhensions du malheur, ni la grati-
tude d'un salut inespéré. Si au contraire dans
le plan de cette vaste et généreuse entreprise,
il étoit entré la pensée de remettre trente millions d'individus sous le joug des lois religieuses et morales, comment se flattoient-
ils de rendre à ces lois leur autorité, s'ils
mettoient en question l'autorité de princes
remontant à dix siècles; ils devoient se croire
chargés par Dieu même de les faire respecter?
En ne leur rendant qu'une couronne pro-
fanée, pensoient-ils rendre à des droits si
long-temps méconnus, l'éclat dont les choses
de convention n'ont jamais pu se passer ?
Les rois rétablis par eux n'auroient-ils pas
tôt ou tard de compte à leur demander de
l'emploi de la victoire, et une alliance con-
clue sous les auspices cruelles de la nécessité,
pouvoit-elle se cimenter par des marques de
mépris qui eussent fait le désespoir d'une
amitié ordinaire ? Mais je m'arrête ici ; je me
surprends un style interrogatif qui me déplaît
à moi-même, qui me blesse dans les objets
que je fais profession de respecter, et que
je condamnerois sans balancer, si, lorsque
la pensée s'abîme dans cet océan d'intérêts
divers, d'où sortiront les destinées futures

du monde, l'esprit avoit un autre moyen de s'éclairer, le cœur un autre moyen de se calmer; si lorsqu'à l'aspect de tant de résultats étranges ou dangereux, de tant d'effets bizarres ou menaçans, il étoit possible de n'y pas chercher des causes et des motifs. Il est quelquefois plus dur, plus fâcheux de rechercher et de dire la vérité que de l'entendre; je l'éprouve en ce moment. Mais lorsqu'il s'agit du maintien de l'ordre social, il faut, dans l'un et l'autre cas, savoir s'exécuter. Reprenons cependant le fil des événemens, nous y trouverons peut-être la solution de plus d'un problème.

La France, qui trembloit devant les justes vengeances de l'Europe, se trouva tout-à-coup n'avoir plus qu'à célébrer la magnanimité des vainqueurs. Leur entrée dans Paris fut le triomphe de la clémence, de la bonté, de la modération, de la modestie; mais en vain donnèrent-ils l'exemple de si rares vertus, d'une haute piété, et de rapporter au Dieu de l'univers tous les événemens de la vie : les Français ne virent dans ces grandes solennités, que des fêtes pittoresques. Ceux qui tenoient en ce moment les lisières de leur légèreté, ne s'occupèrent qu'à faire constater l'oubli des crimes passés ; tous les partis relevèrent audacieusement la tête ; il ne resta d'incertitudes que pour les partisans de l'autorité légitime, de préventions que contr'elle, et des facilités sans nombre accordées à tant d'intérêts divers. De plaider sans crainte et d'intriguer avec succès, naquit la pensée, si extraordinaire dans un tel aréopage et si funeste à la France, du gouvernement représentatif.

Que pouvoient faire les Bourbons dans une circonstance aussi décisive, après un malheur si long-temps privé d'espérances, que devoient-ils faire ? Refuser, je le dis hardiment. Refuser par dignité, refuser par prudence, refuser par politique, et obtenir par l'obstination du refus tout ce qu'ils perdirent par leur consentement. Les puissances s'étoient trop avancées pour reculer ; l'incertitude qu'un tel refus eût jeté sur les événemens, les eût promptement éclairées sur le danger de trop accorder à la nation. Bien que Bonaparte vaincu et humilié leur fût un spectacle plus satisfaisant que Bonaparte mort, elles ne pouvoient se jouer à lui rendre la couronne. Son fils et une régente, qui en France ne pouvoient plaire qu'à des coupables, des ambitieux ou des poltrons, jetoient dans la balance de l'Europe une inégalité trop manifeste pour qu'elle pût être tolérée par la majorité des puissances. Elles ne pouvoient descendre à l'humiliation et à l'immoralité d'offrir le trône à quelque général ou à quelqu'heureux aventurier comme Bernadotte, dont l'existence n'est qu'un monument trop durable de leurs ménagemens passés. Le rétablissement de la république n'eût été que le signal de l'insurrection dans toutes les armées, et de la révolution pour toute l'Europe. Elles n'avoient donc, en fait de politique, de prudence, de gloire, de vertu, de religion, de respect enfin pour elles-mêmes, d'autre parti à prendre que de remettre purement et simplement la couronne royale de France à ses légitimes possesseurs, et d'envoyer, d'aller même jusqu'en Angleterre les conjurer de venir en personne attacher leur sceau au grand et chevaleresque ouvrage de la coalition.

Les Bourbons en jugèrent différemment. Ce qui les détermina n'appartient pas à l'histoire, qui néanmoins leur trouvera des excuses. Ce qu'il est important de remarquer, c'est qu'ils furent mal conseillés ; que dès l'instant où la carrière politique se rouvrit pour eux, ils accordèrent leur confiance à des hommes, qui, à leur insuffisance naturelle pour de si importantes circonstances, unissoient une ignorance totale de la France et des Français, et qui préférèrent l'intrigue dans laquelle ils se croyoient versés, et qui seule pouvoit les rendre nécessaires, à la juste et franche autorité que le Roi, placé par miracle à la tête de toutes les forces de l'Europe, devoit ressaisir. Ce prince accepta donc d'être le chef élu du gouvernement représentatif, que les constitutionnels avoient chargé les Empereurs et les rois de lui proposer, et de cet instant commença une longue suite de fautes que je rapporterai avec d'autant plus d'exactitude, qu'elles forment entr'elles une masse complète d'instruction pour les temps à venir, et avec d'autant moins de scrupule, qu'elles serviroient toutes au panégyrique de simples particuliers, parce qu'elles eurent toutes leur source dans un trésor inépuisable de bonté et d'honneur. Les inconvéniens, les dangers qui s'amoncelèrent en moins de dix mois autour du trône, seront à jamais la leçon des princes qui ont le bon esprit de faire de l'histoire leur bréviaire et leur conseil, et ils y verront en caractères ineffaçables, que s'il est accordé à peu d'entr'eux de dominer les circonstances, il est donné à tous d'en pouvoir profiter.

Une fois que Louis XVIII avoit cru devoir renoncer aux droits de sa naissance et de sa couronne, par l'acceptation d'une constitution quelconque, il falloit qu'il oubliât le trône de Louis XIV. On ne peut retirer quelque force d'un grand abaissement, qu'au moyen d'une grande franchise et d'une extrême loyauté, parce qu'on recouvre ainsi la confiance publique, qui seule peut la donner, par les moyens mêmes qui étoient destinés à nous prouver que nous ne la possédions pas. D'ailleurs, quel autre moyen de ramener les esprits, de s'emparer de l'opinion d'un peuple longuement corrompu par le spectacle de tous les crimes que peut enfanter l'ambition, qui a besoin d'être le témoin journalier des occupations paternelles d'un bon roi, pour séparer les idées de royauté de celles de tyrannie, et pour cesser de croire que l'autorité la mieux établie ne sauroit se passer du mensonge et de la ruse?

Le sacrifice d'une autorité héréditaire et légitime pouvoit être utilisé et devoit, pour le Roi, ajouter au triste avantage de se préparer à tant d'autres , le droit d'en exiger à son tour. Du moment où le chef de la nation consentoit à n'être qu'un souverain élu, sous de certaines conditions, tous les princes de son sang , tous les grands de l'état, toutes les castes privilégiées devoient passer avec lui sous le joug des circonstances , et la nation , se voyant à l'abri de toute réaction , devoit rentrer dans une obéissance aveugle des lois qu'elle sembloit s'être données elle-même. Le Roi constitutionnel ne devoit plus marchander ni pour lui-même ni pour les autres. Certes, il se rencontroit dans une si extrême résolution, d'étranges dégoûts et des accessoires révoltans ; mais une résolution n'est grande , n'est utile qu'autant qu'elle est entière. Ainsi , plus de cocarde blanche, plus de cordons bleus, plus d'anciens cordons rouges. La Légion d'honneur, purifiée par l'auguste image de Henri IV, et quelque décoration en mémoire de la restauration , devoient suffire et au mérite et à la vanité, et la cocarde tricolore , à laquelle la nation croit sa gloire militaire attachée, achevoit de s'ennoblir sur la tête du souverain. Puisqu'il falloit pardonner aux régicides , que dis-je? puisqu'on avoit promis de tout

oublier, il ne falloit pas se priver volontairement des grands talens de plusieurs
d'entr'eux, ne pas croire que, pour les consulter en secret, on leur feroit oublier
l'affront de ne pas les admettre en public,
et ne pas négliger l'occasion singulière qui
se présentoit, de faire passer dans son camp
tous les généraux de l'armée ennemie. Après
avoir dit bien haut qu'on s'appuieroit désormais sur les chefs de celle de Buonaparte,
il falloit au plutôt les admettre aux honneurs
de la cour, et au lieu de les placer, par la
nature même des grâces qu'on leur accordoit, comme une ligne de démarcation entre
l'Empire et la Royauté, les employer au
contraire à en diminuer les contrastes. Il
falloit surtout réprimer la morgue des anciens grands, qui, n'ayant plus que des souvenirs, les mettoit hardiment au - dessus
de tous les genres de services et de tous
les titres qui leur avoient servi de récompense, et, par un ton et des manières ri-
sibles, entretenoit un mécontentement dont
les suites ne tomboient que sur le Roi le
plus affable et le plus fait pour servir à la
fois de modèle à ses contemporains et d'idole
à ses courtisans. Qui ne sent pas qu'il eût

fallu des résolutions bien fortes et une extrême fermeté de caractère pour toujours oublier, pardonner, concéder, réprimer, pour élever sans cesse ce qu'on n'estimoit guères, pour rabaisser toujours ce que dès l'enfance on étoit accoutumé à considérer ? Mais ce qui pouvoit y aider puissamment, ce qui devoit y contraindre, c'étoit de penser qu'en se plaçant volontairement sur un échafaudage de matériaux vermoulus et entre des personnages sans réputation ou presqu'inconnus, on n'y montoit que pour en mieux faire connoître le peu de solidité, et pour donner l'occasion de prophétiser jusqu'à l'heure et la minute de la chute d'un trône, qui ne posoit ni sur le présent, ni sur le passé. Mettons cependant plus d'ordre et de clarté dans un jugement de si grande conséquence, et où l'expression énergique de la vérité ne peut et ne doit être que la suite d'une conviction profonde.

Le Roi, en rejetant l'impertinente constitution par laquelle les intérêts de l'état et de la couronne se trouvoient subordonnés à ceux de l'avarice et de l'ambition particulière, agit en Roi ; mais le succès de sa juste indignation devoit être plus qu'un simple succès de dignité. Il devoit lui assurer le temps de méditer davantage sur un objet aussi important qu'une charte constitutionnelle ; le temps d'étudier le caractère et les besoins actuels de la nation, avant d'en être instruit par les débats des chambres ; le temps de choisir et de placer des chefs à tous les départemens, le temps de prévoir le nombre et l'importance des demandes qu'il auroit à faire à un peuple privé de ressources, de raison, de principes et d'affection. Ce n'étoit pas dans l'ombre de la chancellerie de France qu'il falloit faire travailler quelques confidens à un acte qui alloit fixer tous les droits et toutes les fortunes, et réveiller toutes les inquiétudes et toutes les espérances ; c'étoit au contraire l'occasion de rassembler un certain nombre de personnes prises dans toutes les classes, toutes d'une réputation méritée du côté des talens, et que le Roi s'attachoit par le seul fait d'une nomination aussi flatteuse ; c'étoit dans cette assemblée, assez restreinte pour n'être pas inquiétante, assez nombreuse pour ne laisser aucune prise à la malignité, que le Roi pouvoit se flatter d'établir le commerce de confiance et de lumières qui

est le nerf du gouvernement représentatif,
et sans lequel les constitutions ne sont que
des piéges à double usage. C'étoit là qu'on
eût rédigé, à la vue de la nation, la charte
destinée à fixer les pouvoirs du monarque
et le droit des chambres. Loin de songer à
la même époque au rétablissement de sa
maison militaire, qui, pour satisfaire quelques ambitieux surannés, alloit alarmer la
vanité de l'armée, il falloit s'entourer des
gardes de Buonaparte, et, du milieu des baïonnettes de la tyrannie, montrer un père à
la France étonnée. Je sais tout ce que les
esprits vulgaires, confits dans les petites
prudences ordinaires de la cour, pourront
objecter à ce sujet; mais la position du Roi
n'étoit pas de celles qu'on décide par les voies
ordinaires. On n'évite guère les dangers qu'on
ne sauroit braver. Ici, il falloit les aborder
tous, et mettre le courage dans la loyauté, et
la sûreté dans la sécurité. Dans les circonstances où il parvenoit au trône, le Roi devoit considérer la première année de son
règne comme une de ces campagnes hasar-
deuses mais brillantes, qui terminent la
guerre et font la destinée du présent et de
l'avenir. Vaincre ou mourir est une pensée

tout-à-fait royale , et qui devient sublime lorsque pour vaincre on est résolu de n'employer d'autres armes que la sagesse, la justice , la bonté et la bonne foi.

La seconde faute qui signala les premières opérations du règne , et qui décida de sa brièveté , fut de transformer le gouvernement provisoire en ministère. Un homme de grande réputation, et qui, dans le retour du Roi, avoit su voir, outre le bonheur de sa patrie, une occasion unique de faire oublier de graves erreurs ; cet homme appelé par la confiance des souverains à désigner les différens individus dont ce gouvernement temporaire pourroit se composer, n'avoit cru devoir les choisir que parmi deux espèces de gens , les anciens constitutionnels, dont les principes avoient quelqu'analogie avec ceux que professoient les vainqueurs, et qui de plus étoient les siens, et les personnes exaspérées par quelque grande injustice du gouvernement précédent. Mais l'arrivée du monarque changeoit toutes les positions. A ce groupe de constitutionnels étoient attachés les souvenirs les plus saillans de la révolution ; le laisser à la tête du gouvernement, c'étoit raffraîchir les couleurs d'un

tableau qu'on ne pouvoit assez tôt achever
d'effacer. Il n'étoit pas décent de le laisser
si près d'un Roi de France , et, à parler vrai,
à l'exception de celui qui avoit formé ce
groupe et d'un seul d'entre ceux qui le
composoient et dont encore les talens furent
loin de répondre au rôle qu'il voulut jouer,
aucun des autres n'avoit une réputation capable de motiver la confiance d'un prince dont
toutes les démarches , tous les choix devoient
avoir un caractère prononcé. Les inconvéniens
du contraire ne tardèrent pas à se manifester.
A l'exception du département des affaires
étrangères, où reparurent aussitôt une grande
dignité et les vues les plus saines , on ne vit
dans tous les autres qu'un esprit de système
et une habitude de mollesse et d'incertitude ,
qui n'étoit contrebalancée que par le désir
d'attirer à soi toute l'influence du pouvoir, et
de ne profiter que pour soi de la faveur passagère des circonstances. Rien cependant n'est
plus important que l'union des ministres dans
un gouvernement représentatif, où ils ne
peuvent se regarder individuellement que
comme des commis, et n'ont de pouvoir
réel que lorsqu'ils sont réunis d'intention et
d'action. Mais ici le caractère national parut

avec d'autant plus de franchise, que c'étoit dans les personnes principales de l'état, et rien ne prouva mieux dès le commencement, combien peu le nouveau mode de gouvernement pouvoit y être adapté. Chaque ministre commença par s'isoler, par déjouer ses collégues, par les dénigrer, et si par hasard il se réunissoit à l'un d'eux, ce rapprochement, toujours momentané, tenoit à ses intérêts particuliers et non à ceux de l'état. Le Roi avoit ajouté deux ministres à ceux qu'on lui avoit fait trouver; mais l'un renfermé dans la sphère de ses attributions, n'y parloit que de patience et de clémence, et, au lieu de se faire obéir, de sévir au nom de la justice, négocioit avec des coupables et transigeoit avec les mal-intentionnés. L'autre n'ayant de connoissance que celle du caractère de son maître, ne voyoit dans la désunion de ses collégues, que le plus sûr et le plus prompt moyen d'arriver à la toute-puissance dont il affectoit de craindre l'éclat et la responsabilité, sans toutefois repousser les hommages qu'elle s'attire, plus et plutôt encore en France qu'ailleurs. Quel effet devoit produire une organisation pareille sur les habitans d'une capitale-reine comme Paris, dont la curiosité

se fait de tout un spectacle, et la frivolité
de tout un amusement, qui n'accordoit à la
restauration que l'intérêt d'une nouveauté,
et qui est peuplée de tant d'amateurs et de
professeurs en fait de troubles, gens habitués
à produire des incidens et toujours prêts à
en profiter. L'ancienne révolution se trouva
toute expliquée à ceux qui n'en avoient pas
été les témoins ou qui avoient négligé de
s'en faire instruire. Les fautes itératives de
ceux qui en avoient été les artisans et les
victimes, leur donnoient la clef de tous les
problèmes ; et l'impuissance du gouvernement, et l'indifférence apparente du Roi,
en achevant d'alarmer les partisans de l'ordre
et de la paix, n'annonçoient que trop la
chute prochaine de la nouvelle monarchie.

Le public actif se partageoit en méritans
et en prétendans, qui, au bout de deux mois,
formèrent une totalité de mécontens, parce
que la cour, qui de son côté les partageoit
en gens à ménager et gens à négliger, ne
pouvoit, dans un premier moment surtout,
gagner tous ceux qu'elle vouloit bien redouter,
ni faire taire tous ceux qu'elle étoit décidée
à abandonner à leur mauvais sort. Ce fut
alors que s'établit un plan de longanimité,

qui, destiné à captiver tous les suffrages, à vaincre toutes les répugnances, ne fit qu'accroître le mécontentement des uns et l'insolence des autres, et fit sentir vivement combien le Roi se fût épargné de chagrins ou d'ennuis, en exigeant hautement et dès le jour de son arrivée, que chacun, dans la proportion de ses droits, prît part aux sacrifices nécessaires et dont il avoit bien voulu donner lui-même un si grand exemple. Le château des Tuileries sembloit une ruche où abordoient pêle-mêle avec les abeilles ouvrières, des guêpes, des frelons, des mouches parasites et tous les moucherons connus. Les régicides, se voyant échappés à la roue, ne tardèrent pas à solliciter sous main des places et des pensions. Car, après avoir obtenu grâce, obtenir des grâces ne leur parut pas assez extraordinaire pour y renoncer volontairement, et il faut convenir que ce calcul, bien que fort insolent, n'étoit pas absolument déraisonnable. La plupart obtinrent plus que de simples moyens d'existence, et cette foiblesse établit et confirma un funeste point de départ pour toutes les prétentions que tant d'autres gens se proposoient et se croyoient en droit de faire valoir. Les nou-

veaux grands vouloient se vendre , c'est-à-
dire qu'ils vouloient tout avoir et se rendre
assez considérables pour qu'on n'eût rien à
leur refuser. Les anciens croyoient, avec une
bonhomie insupportable , que tout leur ap-
partenoit; que les sacrifices du Roi n'étoient
pour eux ni une règle, ni un exemple, et
ne parloient que de restitutions. La petite
noblesse , la noblesse de province, deman-
doit du pain d'abord , et on lui en devoit,
et ensuite les récompenses de sa fidélité, et
d'être indemnisée, de manière ou d'autre,
de la maladresse de l'émigration. La majorité de cette classe nombreuse et loquace
exigeoit hautement que le Roi trahît, de
tous ses sermens , le seul qui avoit produit
quelqu'effet , savoir la garantie des biens nationaux. Ceux qui les possédoient et qui
d'abord avoient tremblé pour des fortunes
mal acquises, quoique justement possédées
par le plus grand nombre depuis qu'elles
s'étoient transformées en héritages et en ap-
ports matrimoniaux, avoient déjà eu le temps
de s'armer contre les entreprises et les réclamations. Tous ces Français si décidés ré-
ciproquement à ne se rien pardonner , à
ne rien céder , marchoient cependant sous

la même bannière ; ce n'étoit pas , il est vrai, celle du Roi ou de la France, c'étoit celle de l'égoïsme , qui ne comprendra jamais que le gouvernement ne peut s'occuper des individus qu'après avoir assuré le sort de la société , et que s'il n'est pas assisté de la morale , qui fait céder, et de la religion, qui fait pardonner, ses soins et son autorité sont inutiles.

Quelques voix s'élevèrent en vain pour rappeler des vérités auxquelles pourtant les Français avoient un si grand intérêt d'obtempérer, pour recommander , au défaut de morale et de religion , des calculs plus appropriés aux circonstances où se trouvoient le souverain et l'état , pour faire sentir aux grands que s'ils renonçoient au plus beau de leurs droits , celui de donner l'exemple aux petits , ils s'exposoient à toute la fougue d'une majorité menaçante. Tout étoit inutile, et le prix de la sagesse fut la dérision. Les salons, les familles s'étoient métamorphosés en clubs plus ou moins dangereux , mais également indiscrets et coupables ; on y entendoit les plaintes les plus exagérées et les plus intempestives, en même temps que les plaidoyers les plus mal conçus pour et contre le gouvernement. Des femmes de la plus haute qualité, réputées pour leur esprit, et accoutumées depuis un demi-siècle à faire respecter leurs arrêts dans la banlieue de leur fauteuil, se récrioient sans cesse sur l'atrocité d'une administration qui ne les avoit pas, au bout de trois mois, remboursées de tout ce qui pouvoit leur revenir de leur fortune passée, depuis l'établissement du *tiers consolidé!* Enfin tous les trésors et tous les pouvoirs de l'univers remis à la disposition du Roi, n'eussent pas suffi à contenter et à faire taire une nation qui naguères livroit son sang et ses trésors sans se permettre un murmure, condamnoit ses poignantes douleurs à un silence absolu, et accordoit sans balancer à un tyran exotique, plus que n'exigeoit d'elle la Religion et tout ce qu'un Roi légitime et François ne songeoit pas à lui demander. Une seule classe mélangée, mais principalement composée de gens de robe et de noblesse de province qui n'avoient pas quitté le sol de la patrie, n'avoient accepté de bienfaits ni de la République ni de l'Empereur, s'étoient accoutumés à toutes les privations, et à en diminuer l'amertume par quelques talens d'agrément ou de luxe, qui, estimés du peuple et de la populace, témoins de leurs vertus, savoient mieux que les meneurs mêmes, comment on la gouverne; cette classe ne s'empressa point à quitter les galetas où l'avoit confinée sa misère, et sans négliger toutefois de faire connoître les moyens que lui fournissoient son expérience et son zèle, dédaigna de descendre aux importunités et aux intrigues. C'étoit elle qui devoit servir de rempart et de conseil à une autorité naissante et mal asssise, et donner l'exemple du véritable patriotisme; mais le Roi quitta la France sans la connoître, et ses ministres, quoique bien avertis, sans l'employer.

Placé par l'excès de sa bonté entre l'indiscrétion et la témérité, le Roi ne choisit aucun des moyens qui pouvoient lui conserver sa dignité, et fut entraîné à employer ceux qui devoient achever de la lui faire perdre. Il est nécessaire d'indiquer ici les uns et les autres, pour l'instruction de la société. Il n'est de considérations utiles que celles qui reposent sur des faits; et, lorsqu'il s'agit du gouvernement, et partant du bonheur d'une nation, tout ce qui porte l'empreinte de son caractère est digne de remarque.

« *Je ne donnerai rien, tant que je*

» *n'aurai pas de quoi donner convena-*
» *blement. Je n'accorderai rien, tant que*
» *je ne serai pas suffisamment instruit*
» *des mérites de chacun. J'exige, en at-*
» *tendant, qu'on se fie à mon cœur,*
» *qu'on imite ma résignation et qu'on*
» *respecte mon autorité. Le jour de*
» *mon sacre, qui n'aura lieu qu'après*
» *que tout se trouvera réglé dans mon*
» *royaume, sera le jour de toutes les*
» *justices. Jusques-là les réclamations*
» *seront admises, les plaintes vaines,*
» *et les désobéissances punies.* » En pro-
nonçant d'une voix ferme ce peu de mots,
pris dans le sentiment de sa justice, de sa
sagesse et de sa puissance ; en remettant à
des circonstances plus opportunes le rétablissement de Versailles, la formation si
coûteuse de sa maison militaire, l'éclat
extérieur dont quelques ministres eurent la
permission et les moyens de se couvrir ;
en éloignant l'intrigue au nom de l'équité,
en punissant l'audace au nom de la justice,
en n'admettant d'exceptions qu'en faveur de
l'infortune avérée, le Roi eût raffermi sa position et la confiance publique ; et cette méthode, plus simple et plus commode, l'eût

mis à l'abri des nombreux inconvéniens de celle qu'il préféra, et qui préparèrent sa perte. Mais le besoin de son cœur étoit de gagner tous les cœurs, et l'ambition coupable que sentoient quelques personnes de donner au plutôt à la France et à l'Europe la mesure de leur crédit, en profita pour l'enfermer dans un labyrinthe dont bientôt il ne put sortir que par la porte du royaume la plus voisine de sa résidence.

La prostitution des grâces fut complète dès les premiers mois. Cordons, grades, honneurs, rien n'y fut épargné : il n'y eut pas un homme, bien qu'il n'eût jamais vu brûler une amorce ou qu'il se fût reposé pendant vingt-cinq ans, qui ne demandât et n'obtînt le grade où peut-être il fût parvenu sans la révolution ; et de ce moment tous ceux qui l'avoient obtenu parce qu'ils l'avoient mérité, cessèrent d'en faire cas et demandèrent et obtinrent celui auquel ils ne pouvoient encore prétendre ; si bien qu'à l'exception des maréchaux de France, à qui il ne restoit d'espoir que l'épée de Connétable, qui ne pouvoit encore être donnée, toute l'échelle militaire se trouva tout-à-coup hors de la proportion des services rendus. Il en fut de même des croix de la Légion et de St. Louis : on vit jusqu'à des enfans obtenir la première, et jusqu'à des gens de robe se faire décorer de l'autre, et à chaque plainte de la préférence présumée accordée à l'un de ces deux ordres, des boisseaux de croix tomber des bureaux du ministre, pour en égaliser les promotions. Quand elles furent devenues générales, le caractère national se montra dans toute sa légèreté : le mépris d'une grace obtenue succéda incontinent à la longue ambition de l'obtenir. Les anciens royalistes affectèrent de n'accepter la croix de la Légion, et les nouveaux militaires celle de St. Louis, que par obéissance, et même de négliger de s'en décorer. Il en fut de même du reste des faveurs de la Cour. Des femmes de l'ancien régime, si soigneuses d'ailleurs de constater la pureté permanente de leurs opinions, tâchèrent de profiter de la circonstance pour faire abolir d'anciennes distinctions dont elles n'avoient jamais joui et qui leur avoient toujours déplu ; les femmes du nouveau se crurent les égales de toutes, et le Roi, croyant étouffer dans une même foule toutes les prétentions possibles, fit ouvrir les portes du sanctuaire à tout ce qui se croyoit le droit d'y entrer, livrant ces questions, si frivoles en apparence , mais si sérieuses lorsque tout concourt à augmenter le mécontentement , aux caprices mêlés de galanterie , de préjugés et de brusqueries de quelques courtisans fort jaloux d'en décider.

Les plaintes , les murmures grossissoient. A Paris ils étoient, non pas étouffés , mais mitigés par les clameurs contraires qu'excitoit l'apparition journalière d'un Roi dont la personne étoit aimée. Sa belle figure , la confiance qu'il montroit , cet appareil brillant de ses promenades , dépouillé des mesures de précaution dont on avoit vu la majesté souveraine se souiller sous Buonaparte ; la douceur que trouvoient quelques bons bourgeois à chérir ce qu'il faut respecter , la facilité des têtes françaises à se laisser énivrer par les cris qu'ils entendent , tout concouroit à tromper le Monarque dans les momens où il croyoit pouvoir juger par lui-même de l'effet de ses bonnes intentions ; mais il n'en étoit pas ainsi dans les provinces , et ses Ministres devoient l'en instruire. Les Préfets, mal secondés et déjoués par les commandans militaires , ou suffisoient à peine à contenir les esprits , ou n'obtenoient ni secours , ni instructions , lorsqu'ils

adressoient à des Ministres pleins de l'opinion de leur puissance et de leurs lumières,
des avis qui pour l'ordinaire étoient reçus
comme les preuves inutiles d'un zèle exagéré.
L'incurie à cet égard étoit telle, que lors du
départ du Roi, il y avoit plus de quatre
cents maires auxquels on n'avoit pu faire
prêter serment jusque-là, et que dans plusieurs départemens, le Ministre avoit incons-
titutionnellement fait annuler de sa propre
autorité des procédures commencées par les
Préfets, pour crime de lèze-majesté. Les
facilités de l'arrivée de Buonaparte ne con-
firmèrent que trop les appréhensions que
devoit causer un tel régime ; mais le seul
résultat qu'elles eurent alors, fut d'envoyer
les Princes visiter tour-à-tour les provinces
réputées suspectes. Cette mesure, qui au
premier coup-d'œil sembloit promettre quelques avantages, comme de faire connoître
à tout le royaume la bonté héréditaire de
la famille régnante, et la bonne grace du
successeur au trône, acheva de compliquer
les inconvéniens. Aussitôt qu'une grande
ville, qu'un département sembloit exiger
une attention plus particulière de la part
du gouvernement, on dressoit un itinéraire

et des instructions, et le Prince, enchanté
du bien qu'il se croyoit appelé à faire,
partoit aussitôt, le cœur plein d'amour pour
le Roi et pour la France, et de défiance
contre le Ministre et les employés des pays
qu'il alloit visiter. Son caractère naturel, ou
celui qu'il empruntoit parmi les personnes
de sa suite, devenoit son seul guide. Sous les
fleurs, dont sa route se trouvoit jonchée, se
glissoient les poisons de la malvéillance et
de l'intrigue. Une foule de rapports contra-
dictoires, de fausses données, grossissoit, de
ville en ville, un immense bagage de résultats faux ou inutiles. La faveur et le com-
mérage, qui marchent toujours à la suite de
pareilles expéditions, en dénaturoient le but.
Les récompenses tomboient sur des coupables; le mérite, humilié ou méconnu,
perdoit de son zèle et de ses intentions. Le
Prince revenoit comme un homme qui n'a
rien épargné pour le service du Roi et pour
le bien de l'état, et tandis que le Souverain
applaudissoit à ses rapports, et que le Ministre se désoloit de l'augmentation du désordre, les gens de confiance du Prince se
confirmoient, par la force de la circonstance,
dans le ministère que leur avoit créé l'oc-

casion. Ses premiers gentilshommes de la chambre, ses capitaines des gardes, aidés des secrétaires de ses commandemens et de sa chambre, établissoient dans les Tuileries des bureaux, auxquels l'ambition et l'intrigue recouroient d'autant plus volontiers que l'art de pêcher en eau trouble est généralement répandu en France. *Madame*, elle-même, tenoit la place d'un Ministre tout-puissant, et l'ancien quinquevirat, l'ancien Directoire, se trouva ressuscité par et pour les Bourbons. On obtenoit de l'un ce qui avoit été refusé par l'autre; le Ministre et le Roi lui-même, souvent ne savoient auquel entendre ; les nominations se croisoient, se heurtoient et servoient d'occasion aux injustices les plus manifestes, aux scènes les moins convenables en tout temps, et moins encore dans des circonstances où l'unité de pouvoir et de recours pouvoit seule maintenir une machine aussi mal construite ; et, ensuite de l'isolement auquel chaque Ministre s'étoit volontairement condamné, il n'y eut bientôt plus, non-seulement de considération pour l'autorité royale, mais de force publique capable de la rétablir.

Une des maximes les plus importantes en fait de gouvernement, est de n'employer l'autorité légale qu'aux choses où l'on est sûr de la faire réussir. On peut, on doit tenter des essais en fait d'industrie, de culture, de commerce, de navigation, mais jamais en fait de lois et de police; et, lorsqu'on est tombé dans cette grande faute, il y a moins de dangers à s'obstiner qu'à reculer. Le premier parti peut conduire par fois à un choc, mais dont il est aisé de prévoir le moment, et de préparer les avantages; l'autre n'est jamais qu'un abaissement de fait, et qui, n'ayant de motif que le doute ou la crainte, ne peut avoir de résultat que la déconsidération ou la honte. J'en fournirai les preuves qui m'ont paru les plus frappantes par elles-mêmes et les plus funestes dans leurs résultats.

Qu'un Monarque eût de la religion, ne pouvoit étonner que des Français; qu'il feignît d'en avoir, eût partout ailleurs passé pour une politique admirable, et qu'il voulût la faire respecter partout ailleurs qu'en France, n'eût paru que le respect nécessaire de tout homme pour le premier de ses devoirs. Louis XVIII, qui, par un reste

d'estime pour ses sujets, étoit loin d'imaginer
à quelle distance la religion se trouvoit bannie
des cœurs , et combien les esprits étoient
prévenus contr'elle , voulut commencer l'espèce de pontificat dont tout monarque honnête homme se sent chargé , par rétablir le
respect dû au culte. Il en donnoit l'exemple;
il étoit naturel d'y joindre le précepte et
d'en exiger l'observation ; et, de la part d'un
gouvernement qui n'avoit songé encore, ni
à rétablir les siéges épiscopaux, ni à compléter l'utile corps des curés de campagnes,
et qui ne songeoit pas à relever les couvens,
ce n'étoit pas trop que d'exiger du public
une heure de dévotion active ou passive par
semaine. Paris toutefois s'étoit accoutumé
au scandaleux privilége d'être la seule ville
de la chrétienté où la solennité du dimanche
n'interrompît ni le commerce, ni les affaires,
ni les plaisirs ; la seule où la piété ne pût
obtenir une heure de recueillement général,
ni l'irréligion , entourée qu'elle est de tous
les vices, rencontrer l'heureux hasard d'un
moment de réflexion et de repentance. Le
peuple étonné revoyoit, avec une sorte de
satisfaction, un usage qui forçoit sa imsère
à quelques instans de repos ; les honnêtes

gens se sentoient rassurés par une mesure si propre à prévenir une grande partie des crimes qui désolent habituellement les grandes cités, par cette police silencieuse et invisible qui répand une si grande sécurité sur la vie domestique, et sans laquelle les familles même sont si difficiles à régir. Mais l'homme de lettres, le militaire, l'élégant, l'affairé se trouvèrent contrariés par la coïncidence de l'heure du culte avec celle de leur déjeûner ou de leur première toilette; de vieux seigneurs qui caressoient une réputation d'esprit assez disputée, du souvenir de quelques soupers avec Voltaire, Helvétius, La Harpe (avant qu'il eût commencé à radotter) et autres coryphées de l'incrédulité, se mirent à crier, non pas contre le Roi, ils ne l'osoient pas encore, mais contre le Ministre honnête homme, qui, chargé de la surveillance des mœurs, avoit cru devoir leur assurer au plutôt leur principal appui. Les protestans, auxquels la révolution, qu'ils avoient fort aidée, avoit fait jouer une sorte de rôle et dont quelques-uns se regardoient comme des gens considérables, ne mirent de bornes, ni à leurs sarcasmes, ni à leurs plaintes; enfin, toutes ces personnes, si différentes d'âge, d'état et d'esprit , se plurent à prophétiser à la fois le retour prochain du fanatisme , et à prêcher la nécessité de s'opposer de loin à ses persécutions. Le Roi , en sa triple qualité de conservateur des lois , de chrétien et d'homme d'esprit , devoit soutenir une ordonnance publiée en son nom. La charte lui donnoit le droit de sévir avec rigueur contre les infracteurs et les dépréciateurs d'une loi qui se trouve à la tête de tous les codes connus ; il avoit en outre celui dont jouit le moindre citoyen, de défendre sa porte à quiconque brave ouvertement les mesures de police générale , et personne ne devoit avoir besoin de lui rappeler que le monarque qui ne sait pas faire respecter la religion, se prive volontairement du plus sûr moyen de se faire respecter lui-même. Son conseil en jugea différemment. La loi ne fut point abrogée, mais on résolut de l'abandonner au plus ou moins de conscience de ceux à qui elle s'étoit adressée, et le Ministre le fut aux désagrémens et aux affronts d'une place sans autorité. Deux événemens bien différens sans doute par eux-mêmes, mais bien semblables par les résultats, vinrent bientôt dessiller les yeux des plus obstinés , et donner quelqu'inquiétude aux plus intrépides ; les obséques de Louis XVI, et l'enterrement de la D.^{elle} Raucour.

La translation des cendres du Roi martyr et de la Reine son épouse à Saint-Denis, étoit une cérémonie si simple, si naturelle, si convenable, que le moindre bourgeois appelé à donner une marque d'attachement ou de piété à sa famille, n'eût pas souffert qu'on la mît en doute dans son quartier. Cependant le conseil du Roi et les cabinets se partagèrent pour et contre, et les paris s'ouvrirent dans la capitale. On pouvoit compter du moins sur la curiosité des habitans pour accomplir en paix cette solennité, mais la majorité des voix fut pour craindre leur malveillance, et les personnages prépondérans conclurent que ce qu'on pouvoit faire de plus sage étoit de transporter le Roi et *Madame* à Trianon, pour y pleurer en cachette la mort et le supplice, je ne dis pas d'un frère, d'un père, d'un Roi, mais du plus honnête homme du monde, et dont la mémoire, en même temps auguste et pacifique, laissoit toute la latitude imaginable à ceux qui se sentoient pénétrés du devoir d'honorer ses dépouilles. Des avis pressans et secrets, ou plutôt la conscience et le tact du Roi, lui sauvèrent et à la famille royale, l'affreux et long remords d'avoir été les seuls princes de l'Europe qui n'eussent pas célébré cette sainte et touchante cérémonie, et le reproche honteux, de n'avoir osé remplir dans Paris un devoir qu'à la même heure tous les souverains rassemblés s'empressoient de remplir à Vienne. Mais à force d'incertitude on ne tira pas de cette importante circonstance le fruit qu'on en pouvoit tirer, et au lieu d'y préparer d'avance les esprits, ainsi qu'au remord du passé et à la nécessité d'en donner de publiques marques ; au lieu de conduire peu-à-peu la France inconstante et légère, à se prosterner devant ces objets d'un intérêt éternel et général , on en laissa perdre ou dérouter l'impression fugitive dans quelques froids articles des gazettes, qui cependant n'eussent pas été sans effet en paroissant quelques semaines avant le 21 janvier.

Ici l'on avoit négligé une occasion unique d'entraîner la nation à se condamner elle-même ; mais, à l'enterrement d'une femme de théâtre , plus célèbre encore par son attachement invariable à la cause de ses maîtres , que par son talent, on lui abandonna l'occasion de laisser éclater ses véritables sentimens, de braver à la fois le trône et l'autel par l'approbation ou les excuses qu'elle donna à un fait inoui dans la résidence d'un Roi, dans la capitale d'un état policé. La loi qui punissoit sans miséricorde le malheureux que la faim eût conduit la nuit précédente à forcer ma porte, resta muette devant des histrions, qui, le lendemain à midi, à la tête de la plus vile canaille, brisèrent les portes de l'église de S.ᵗ Roch, à la vue du palais des rois et en présence de la force armée ; qui osèrent escalader l'autel pour allumer les cierges et de là, menacer de mort le prêtre qui venoit d'y célébrer les saints mystères. Je sais tout ce qu'on a dit sur la longue injustice dont se plaignent avec tant de raison les comédiens ; mais ce n'est pas là le point de vue sous lequel cette affaire scandaleuse devoit être considérée alors et peut l'être ici, et ce ne fut pas là non plus ce qui amenta tant de Parisiens, pour braver à la fois tout ce que les hommes les moins délicats croient devoir respecter, tant qu'il existe encore dans une nation la moindre étincelle de morale et de respect public. La police s'assura de quelques coupables, les tribunaux se préparèrent à les juger, mais le conseil jugea plus prudent d'assoupir l'affaire en les relâchant, que d'en réveiller le scandale en les faisant punir.

L'objet qui captivoit toute l'attention du gouvernement étoit l'armée, et devenoit par-là même celui qui attiroit le plus celle de la nation. La nomination du Maréchal Duc de Dalmatie au ministère, avoit partagé les esprits entre l'excès de l'approbation et l'excès du contraire. Cet homme, que sa valeur avoit en peu d'années conduit du mousquet au bâton de Maréchal, qui, à force d'avancer, s'étoit persuadé que reculer est une chose impossible ; qui, n'ayant plus de fortune à faire, vouloit sincèrement que son nouveau maître fût aussi puissant que le premier ; cet homme sembloit tout-à-fait propre à la circonstance où il venoit à reparoître, et le Roi, qui ne pouvoit monter à cheval, trouvoit en lui l'activité nécessaire pour faire croire à l'armée, du milieu de laquelle il venoit de le tirer, qu'il s'occupoit d'elle, de préférence à toutes les autres parties de l'administration. Mais le nouveau Ministre arrivoit trop tard pour son département, et sa méthode faisoit trop continuellement, trop ouvertement la critique de la lenteur habituelle et des indécisions constitutionnelles de ses collègues, pour ne pas détraquer une foible machine que les moindres cahots mettoient en péril. Les délibérations du conseil devinrent orageuses , et le tonnerre qui grondoit au loin dans le royaume, commença à s'approcher de l'oreille du Roi.

On avoit prostitué, comme nous l'avons déjà remarqué, toutes les graces qu'on avoit cru capables d'attacher l'armée au gouvernement ; l'arriéré avoit été acquitté, on payoit régulièrement le courant ; mais rien ne calmoit le mécontentement sourd dont on recevoit les rapports. C'est que personne, et le militaire moins qu'un autre, ne s'arrête au présent ; un bonheur tout établi cesse de nous plaire ; l'homme vit toujours à cent lieues. en avant de lui-même, et on ne le gouverne un peu qu'avec l'espérance. Du repos, quelque nécessaire qu'il fût à chacun, une longue paix, quel qu'en fût le besoin général , de bonnes garnisons, quel avenir pour trois cents mille pillards, auxquels on avoit sans doute eu quelque peine à prouver qu'ici-bas rien n'est sacré que la tyrannie, mais qui avoient fini par croire qu'en dernière analyse , l'homme armé et sans entrailles est le maître légitime de tout ce qu'il peut s'approprier, et qui ne s'étoient pas toujours refusés d'en faire l'essai jusque sur le sol sacré de la patrie. Il ne restoit, pour diriger une semblable ar-

mée, que de caresser son orgueil, et rien n'y
étoit plus propre que le moyen que j'ai
indiqué plus haut comme important sous
d'autres rapports. C'étoit d'appeler au Tuileries la Garde Impériale, et, à tour de rôle,
dans Paris, tous les corps de la ligne ; d'an-
noncer cet arrangement dans toutes les garnisons, de promettre à la première des avan-
cemens , et aux autres d'être admis dans ce
corps privilégié , d'après le plus ou moins
de zèle pour le service et de respect pour
une sévère discipline ; de renoncer hautement
à la formation d'une maison militaire autre
que celle qu'avoit trouvée le Roi à son retour.
Mais comment faire goûter un plan si ha-
sardeux en apparence, et le seul pourtant qui
pût encore réussir ? comment le proposer, à
des ministres qui s'offensent lorsqu'on parle
de danger, à des courtisans qui se regardent
comme les gardiens héréditaires du Roi et
de sa famille, à ces émigrés qui croyoient
avoir mérité seuls l'honneur d'habiter autour
de lui ? L'embarras étoit réel et se compli-
quoit par toutes les indécisions et les demi-
mesures qui en provenoient. C'étoit un cercle
vicieux d'où la cour ne pouvoit sortir que
par une de ces résolutions vigoureuses pour
lesquelles malheureusement elle attend tou-

jours une occasion qui arrive toujours trop
tard. Tout oser étoit le plus prudent ; mais
où trouver des ministres assez habiles pour
voir, ou assez hardis pour proposer un tel
parti ? Une économie fort sage à la longue,
mais fort intempestive alors, crut pourvoir
à tout, en consentant au système des *demi-
paies*, dont il eût fallu au moins prévoir
les deux inconvéniens les plus graves, les
murmures de ceux sur qui la réforme alloit
tomber, et le nombre en étoit grand, et l'effet
que devoient ou pouvoient avoir ces murmures. Cet effet pouvoit être nul dans Paris.
Les habitans de la capitale verroient avec
une secrète satisfaction ces militaires si fa-
meux, si arrogans, ramenés malgré eux aux
proportions modestes du simple citoyen ; les
plaisirs, les distractions de tout genre adou-
ciroient bientôt l'humeur et l'éloquence des
plus indiscrets, et rien n'empêchoit de traiter
ceux-ci, dont le nombre n'est jamais considérable, selon toute la rigueur des lois militaires. Mais les Ministres eurent peur, c'est
le mot, et c'est en général cette peur d'un
bruit sans effet, qui les tient si éloignés de
la connoissance des conspirations secrètes et
silencieuses qui décident si souvent de leur

sort et de celui de leurs maîtres. On exila en un jour tous ceux qui, d'après le nouveau règlement, ne resteroient pas en activité de service, les généraux seuls exceptés ; on les exila, car on assigna à chaque individu le lieu où il pourroit toucher sa pension ; et au lieu du foyer prêt à s'éteindre dans Paris. et qu'il étoit si aisé de surveiller, on en établit un à plaisir, dans chaque ville et bourgade du royaume. Comme tout ce qui a été proposé, traité et résolu dans un conseil, prend les couleurs de la raison et de la réflexion, il en naît ordinairement, faute de croire qu'il y faille songer davantage, des choses qui manquent de l'un et de l'autre. De là cette persécution secrète mais permanente, qui fut mise à la place d'une discipline sévère et publique, les insolences réitérées d'une troupe dispensée tout-à-coup de trembler, les témérités et le mauvais exemple de quelques généraux, les hauts et les bas du crédit ministériel, les fluctuations de l'autorité souveraine, ces delits civils remis à la connoissance et au jugement des tribunaux militaires, les militaires coupables et condamnés, appelant aux chambres des sentences du Roi, quelques membres de ces chambres profitant de l'occasion pour jeter du doute et de l'incertitude sur les attributions de l'autorité royale, cette suite rapide d'ordres et de contr'ordres, enfin la bonté du Prince, qui, se plaçant toujours entre les coupables et la loi, finit par mettre sa destinée à la merci des jacobins et des sicaires d'un tyran expulsé (1).

Mais ce n'étoit rien que d'avoir manqué l'occasion de s'assurer dès le commencement de l'esprit des troupes, on avoit eu et l'on avoit réalisé l'idée la plus extraordinaire et la plus contraire à la tranquillité future de la France, en même temps que la plus dangereuse pour l'autorité royale, savoir, la création d'abord de ces inombrables Gardes Nationales, et puis d'en avoir confié à un seul homme l'immense direction. Le frère de Louis XVI réorganiser, augmenter à cet excès la Garde Nationale ! Un Roi de France créer une charge plus considérable, plus importante que celle de Maire du Palais, et bien au-dessus de celle de Connétable, que depuis cent ans, ses prédécesseurs avoient

____

(5) J'ose dire que je n'aime pas les partis foibles où l'on hasarde tout, en faisant voir au monde qu'on n'ose rien hasarder. Je sais combien les esprits audacieux se prévalent de telles condescendances, et que c'est ce qui les enhardit pour les plus fâcheuses extrémités. (*Fénélon, Aff.* de l'abbé de St.-Aignan devant la Cour de Rome.*

cru ne pouvoir rétablir ! Il faut supposer à une pareille mesure une raison aussi impérieuse que secrète ; il faudroit la découvrir pour calmer l'étonnement qu'elle produit toutes les fois qu'on y pense. Faire l'éloge de *Monsieur*, parler de la fidélité du Général Desolles et du bon esprit de la Garde Nationale, ne seroit point à sa place ici et n'expliqueroit ni ne justifieroit la formation d'un corps quelconque de plus de trois millions d'hommes armés et à leurs propres frais, qui, tous Francais, tous sous l'influence de ce caractère national, toujours prêts à se jeter dans toutes les extrémités, venoient d'en donner de si terribles preuves depuis vingt-cinq ans. *Monsieur* et le Général Desolles ne pouvoient être immortels que par les services qu'ils rendroient à l'état ; ils devoient un jour avoir des successeurs à ce commandement gigantesque ; auroit-on toujours le choix d'un Prince du sang, frère, ami et le plus dévoué serviteur de son Roi ; d'un sujet assez philosophe pour s'endormir sur les moyens infaillibles qu'on lui auroit livrés pour se rendre maître de la France ? Et puis comment, dans un état qui, malgré tout ce qu'on y pourra dire et faire, ne sera jamais qu'une monarchie militaire, comment contenir en présence une grande armée soldée et toute la bourgeoisie armée du royaume ? Quel est ce plan de ne faire régner les Rois qu'entre des mèches toujours allumées ? Quel est cet abîme nouveau, ouvert à la légèreté de tous et à l'immoralité organisée du grand nombre ? Quoi ! toutes les villes de la France seront toujours prêtes à combattre ; et dans le sein même de la paix, et jusque dans les campagnes, le contribuable aura le droit de paroître armé devant les officiers paisibles de l'administration ! Non, de pareilles mesures ne sauroient convenir nulle part, et le peuple le plus sage et le plus éprouvé n'en voudroit ni pour sa récompense, ni pour sa sûreté. Il est dans la société assez de dangers probables pour ne pas lui en créer de certains, et toujours prévoir les derniers désastres, c'est les appeler. Quelle seroit donc aujourd'hui la différence entre les nations civilisées et les nations barbares, si les dangers de l'attaque et les malheurs de la défense étoient sans cesse présens à l'imagination de toutes ? et les premières n'ont-elles pas assez de leurs cohortes soldées pour constater ce qu'elles ont encore de ressemblance avec les autres ?

Il est pour les gouvernemens qui se sentent crouler, un dernier inconvénient dans lequel ils ne manquent jamais de se jeter ; c'est le choix sciemment mauvais des moyens qu'ils préfèrent pour se maintenir. Il seroit assez inutile de chercher, s'il naît de l'obliquité des attaques, qui, par suite d'une semblable tactique, portent toujours sur les endroits les plus découverts, ou s'il est la suite du trouble entretenu par des attaques réitérées. Elles furent en France tellement publiques, tellement dépouillées de précautions, qu'il ne pouvoit exister à cet égard ni doute, ni incertitude ; et, malgré cela, le choix des moyens ne répondit nulle part à la connoissance que devoit avoir le gouvernement du danger, ni à l'autorité qu'il tenoit de la charte, ni au privilége naturel et attaché à tout ce qui existe ; de ne prendre dans les grands dangers de conseil que du danger même, c'est-à-dire, d'user librement et publiquement de tous les moyens de salut. L'affectation des factieux et des traîtres à vanter l'esprit du Roi, ses talens, ses bonnes intentions, à ne parler de lui que comme d'un prince fait pour être aimé et révéré, et dont le courage personnel suffiroit dans un moment de crise à sauver l'état ; à ne montrer d'appréhensions et de précautions que contre ses successeurs immédiats ; à ne trouver digne de lui succéder,

qu'un prince trop éloigné du trône pour
songer sans crime à y monter ; déjà cette affectation devoit suffire pour indiquer ce qu'il
restoit à faire. Mais au lieu de charger le
ministère de la police et les tribunaux de
répondre à ces attaques personnelles et journalières, on crut devoir remettre en discussion des droits tout établis, et l'on confia ce
travail, aussi noble qu'inutile, à des gens qui,
pour justifier la singulière importance qu'on
leur conféroit, n'avoient que des titres purement littéraires et quelques droits à un
fauteuil académique. C'est alors qu'on vit,
à la longue désolation des lettres, ce qu'on
avoit déjà vu pendant la révolution, et encore nouvellement dans le conseil du Roi,
c'est la distance qu'il y a d'un poëte, d'un
romancier, d'un historien, quelque grande et
juste que soit leur réputation, à un homme
d'état même ordinaire. Rien que du style et
pas même toujours le style convenable. Une
pénurie de logique, une imprudence de
moyens péniblement cachée, ou se mon-
trant avec complaisance sous d'inutiles fleurs.
Rien de fort, rien de grand, rien de vrai,
rien de concluant, rien de ce qui par un
heureux hasard, qui sans doute tient plus à
la considération personnelle de l'auteur qu'à

ce qu'il dit, en impose quelquefois autant que des baïonnettes. Des phrases ronflantes ou mielleuses, commentées et approuvées dans un sanhédrin de vieilles femmes : voilà l'artillerie dont on entouroit le trône du premier Roi de la chrétienté ; voilà ce qu'on destinoit à terrasser les forts de la révolution, qui reparoissoient successivement pour se faire de la charte, à la fois une massue et un bouclier ; revenans populaires et qui n'eussent pas tenus devant les ombres des l'Hospital et des anciens Molé.

Il seroit inutile, je ne dis pas inconvenable, car rien ne l'est plus, lorsqu'on a l'espoir d'extraire d'un passé désastreux des secours contre un avenir menaçant ; il seroit inutile d'appuyer davantage sur la catastrophe qui serviroit à compléter le portrait qu'il étoit nécessaire d'offrir aux Français d'eux-mêmes, et sur les moyens qu'on pouvoit employer pour leur en épargner les traits les plus hideux. Le départ du Roi va d'ailleurs nous fournir quelques coups de pinceau, qui ne laisseront rien à désirer à ceux, qui pour juger des hommes préfèrent les faits aux raisonnemens. Avant d'en parler, je me permettrai toutefois une réflexion, qui n'est pas assez étrangère au sujet que j'ai traité, pour la pouvoir passer sous silence.

Avec un esprit à la fois brillant et agréable, de vastes connoissances, un cœur qui n'a rien à cacher et dans des circonstances où tout ce qui part du centre a un effet si prompt et si général sur toute la circonférence, comment un Roi se refuse-t-il l'utile délassement de former journellement autour de son fauteuil un cercle de personnes prises dans toutes les classes et dans tous les pays, et s'exilant ainsi de la cour, où pour l'ordinaire il ne trouve que des noms, des titres, des dignités, de l'intrigue et des flatteurs, ne saisit-il pas l'occasion de s'assurer du seul genre de force qui puisse le rendre indépendant de ses ministres et de ses courtisans, et dont ils ont toujours si grand soin de le priver. On a entendu Frédéric - le - Grand , l'immortelle Catherine, Joseph II, Gustave III, répéter plus d'une fois qu'ils avoient trouvé dans leur société du soir , plus de secours , plus de lumières que dans le conseil ; que les débats amenés par le torrent de la conversation auquel ils laissoient un libre cours, leur avoient ouvert les yeux sur des objets que jusque-là ils s'étoient vainement appliqués à connoître ; qu'ils y avoient appris à démêler

des talens qui du haut du trône leur avoient
échappé , et à connoître des vérités qu'on
n'eût jamais osé leur dire ; mais ce qu'ils y
avoient trouvé de plus important et qu'ils ne
disoient pas , c'étoit l'occasion de séduire ,
de ramener, de se faire une grande réputation
indépendante de leur rang , et de faire semer
promptement dans le monde , comme des
vérités incontestables , ce qui répandu autrement , n'eût passé que pour les exagéra-
tions de la flatterie. Quel Roi étoit plus fait
que Louis XVIII pour jouir d'un tel moyen
et pour l'utiliser ? Quelle nation plus que la
Française y eût fourni , par son amabilité,
le genre de son esprit et son indiscrétion habituelle ? Quel moyen eût fait tomber plus
promptement l'accusation grave de ne rien
voir que par les yeux d'un seul ministre
qui, dans une ignorance complète de la
France et des Français, n'avoit pour s'instruire , de ressource que des sous-ordres et
quelques intrigans, et pour gouverner le Roi,
que de l'isoler ? Il étoit assez connu que
le Français, qui, par besoin et par habitude
d'intriguer, plie sous un premier ministre dé-
claré , et par un mélange assez général de
galanterie et d'immoralité, se prosterne devant
une maîtresse, n'a jamais pu s'accoutumer à

un favori. Tout indiquoit donc au Roi qu'après avoir consenti à ne régner que constitutionnellement, le moyen le plus certain et le plus agréable de rester le maître, étoit celui qui le sortoit le plus promptement de la tutelle ministérielle, qui sert toujours de cause ou de prétexte aux mouvemens des factieux. Louis XVIII pouvoit, ainsi que Charles V dit *le Sage*, le plus habile peut-être de ses prédécesseurs, gouverner son royaume par lui-même, sans sortir de son fauteuil ou de *sa chaire*, comme on disoit jadis, et libre de séduire par ses qualités, commander par ses talens. L'immutabilité réunie de sa personne, de sa science et de ses principes eût complété la majesté et l'autorité nécessaires à sa position.

L'arrivée d'un courrier qui, dans d'autres circonstances et chez une autre nation, n'eût apporté au gouvernement qu'une occasion de prouver qu'il avoit pourvu à tout, et au public, qu'un sujet de plus de conversation; ce courrier eut sur la monarchie constitutionnelle de France l'effet d'un souffle sur un château de cartes. Je ne retracerai pas ce qui se passa pendant le peu de jours dont Buonaparte tremblant eut besoin pour se rendre de Cannes à Paris, ni la consternation des Ministres, pris en flagrant délit dans leur igno-

rence et leur entêtement, des courtisans auxquels la morgue devenoit inutile, des favoris
plus occupés de mettre à l'abri leurs trésors
et leurs familles, que de ce qui restoit à faire
pour sauver la réputation du Prince et assurer
les destinées de l'état. Le Roi, dit-on, s'étoit
décidé au parti le plus noble, qui est toujours
le plus sûr.... il devoit être le maître de le
suivre, et tels qui ne lui devoient rien, seroient venus se ranger auprès de sa personne,
tant l'aspect du Roi légitime, bon et malheureux, a de pouvoir sur les cœurs bien nés....
Mais je voudrois avoir le pinceau du Titien
ou la plume de Tacite, pour consacrer dans
une immortelle peinture les traits de la nation
française en des momens si critiques et si
dignes des regards de la postérité : cette sur-
prise loquace, alternant avec une stupeur imbécille; cette importance individuelle et cette
apathie générale ; cette incertitude de toutes
les classes, qui trahit l'absolu dénuement de
principes ; cette joie féroce à l'approche de
l'instant qui va décider du bannissement de
la religion et des mœurs, à côté de cette douleur ignoble, qui ne sait plus avoir recours
à l'une et n'ose plus compter sur les autres ;
cette vanité impérissable qui, ne voyant plus
que des dangers, préfère le joug honteux et

terrible d'un Corse, d'un Tibère, à la simple intervention d'une puissance étrangère en faveur de la légitimité du pouvoir et de l'indépendance de la nation ; tous ces yeux baignés de larmes à l'aspect du char qui va remporter les gages de la paix avec tant de bras immobiles et qui attendent des fers…. Mon cœur se serre, la plume m'échappe, je crois voir encore cette scène si humiliante pour tout le genre humain, et dont le temps ne sauroit affoiblir le souvenir….

Je ne doute pas que ceux d'entre mes lecteurs qui acheveront cet ouvrage, ne se trouvent fatigués de la monotonie qui le distinguera de tant d'autres qui ne sont destinés qu'à lui plaire. Toujours la religion, toujours la morale ! Quand j'aurai découvert d'autres garans de l'ordre social et du maintien des différens gouvernemens auxquels il a donné naissance, d'autres sources de prospérité pour les nations et les individus, je me ferai un égal devoir de les indiquer à l'humanité souffrante, et d'en prouver l'excellence par des faits; mais j'espère trouver alors des cœurs et des esprits mieux préparés à m'entendre que je ne les trouverai en France aujourd'hui.

FIN.